Excel 2010 Práctico

Excel 2010 Práctico

RAFAEL ROCA

Edición: Rafael Roca Arrufat

Diseño y realización de la cubierta: Rafael Roca Arrufat

Comunicaciones: rafaroca.net/contacto

ISBN 978-1718829237

Índice del contenido

Contenido online en: rafaroca.net/libros/excel2010

- Archivos complementarios para la realización de las prácticas
- Soluciones a las prácticas

▶ INTRODUCCIÓN

Con este libro aprenderá a trabajar eficazmente con el programa de cálculo más completo y popular del mercado: *Microsoft Excel 2010*.

Excel 2010 Práctico no es un manual al uso, con explicaciones pormenorizadas de todas las opciones, sino un libro con un enfoque funcional, en consonancia con el conocido proverbio: *"Quien oye, olvida. Quien ve, recuerda. Quien hace, aprende"*. En cada tema dispondrá de indicaciones y consejos para llevar a cabo las prácticas propuestas, a través de las cuales llegará a dominar la aplicación sin tener que leer largas exposiciones teóricas.

A la hora de decidir los temas a tratar y su orden se ha seguido un criterio pedagógico. Más que presentar farragosos bloques temáticos, la serie de temas sigue un nivel de dificultad ascendente y una secuencia lógica.

Por otra parte, aunque los temas iniciales tratan procedimientos básicos, los lectores con experiencia previa con *Excel 2010* podrán acceder a aquellos que les interesen, prescindiendo de los que ya conocen.

¿Para quién es *Excel 2010 Práctico*?

El libro está destinado a cualquier persona que quiera aprender las funcionalidades más importantes de *Microsoft Excel 2010* para realizar cualquier tarea ofimática relacionada con el cálculo o los datos.

También en el entorno docente será un instrumento de enseñanza idóneo al facilitar la labor del profesorado y proporcionar a los/as alumnos/as prácticas interesantes, a la vez que relevantes.

Requisitos

Deberá tener instalada la aplicación *Microsoft Excel 2010*, en el ordenador donde vaya a realizar las prácticas. Si no ha instalado la aplicación y necesita ayuda sobre cómo hacerlo, visite la web de Microsoft, **support.office.com** y busque la información referente a la versión *Microsoft Office 2010*.

Dado que *Excel* se ejecuta en el entorno del sistema operativo *Windows*, necesitará conocer este sistema operativo — preferentemente, *Windows 7* o posterior— en cuanto al manejo de la interfaz, ventanas, menús, cuadros de diálogo, carpetas y archivos. En el caso de tener poca experiencia con el sistema operativo, es recomendable realizar el curso online gratuito "Windows: Gestión de archivos" en la plataforma web **formacion.rafaroca.net**.

Por último, habrá de disponer de conexión a internet para descargar los archivos complementarios de la página web del libro: **rafaroca.net/libros/excel2010**. En esta página web se encuentran los archivos en una carpeta comprimida para facilitar su descarga.

La ventana de *Excel 2010*

Nuestra primera tarea consistirá en conocer las **partes de la ventana** del programa para familiarizarnos con sus nombres y sus funciones:

1) Barra de inicio rápido
Contiene botones de comando habituales, como Guardar, Deshacer y Rehacer. Es personalizable.

2) Barra de título
Muestra el nombre del archivo y de la aplicación.

3) Botones de control de la ventana del programa y del libro de _Excel_
Minimiza, maximiza o cierra la ventana de _Excel_ (botones superiores) o la ventana del libro dentro de la aplicación (botones inferiores).

4) Cinta de opciones
Contiene todos los botones de comando del programa distribuidos en fichas y es personalizable.

5) Barra de fórmulas
Consta de una casilla para editar fórmulas, un botón para insertar funciones y el cuadro de nombres (izquierda) con los nombres dados a celdas.

6) Área o zona de trabajo
El área donde llevamos a cabo el trabajo en la hoja de cálculo. Consta de columnas (letras), filas (números) y celdas (la intersección de ambas).

7) Barra de desplazamiento vertical
Para desplazarnos por la hoja verticalmente.

8) Etiquetas de las hojas
Para cambiar de hoja de cálculo y gestionarlas. Los botones a la izquierda sirven para desplazarse entre las hojas.

9) Barra de desplazamiento horizontal
Para desplazarnos por la hoja horizontalmente.

10) Barra de estado
Muestra información sobre el libro de trabajo, la hoja de cálculo y contiene zonas activas con botones, como el zoom.

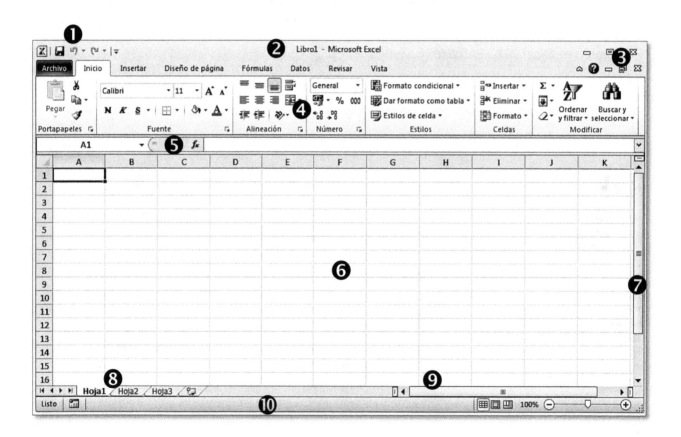

En la **cinta de opciones** encontramos los siguientes elementos:

1) **Menú Archivo**
    Contiene las opciones habituales para trabajar con archivos (crear, guardar, abrir, cerrar, ...) y las opciones de configuración del programa.

2) **Fichas de la cinta de opciones**
    Cada ficha contiene los comandos del tema que indica su pestaña. La ficha de **Inicio** contiene los comandos básicos.

3) **Botón de minimizar (ocultar) cinta de opciones**
    Oculta o muestra la cinta de opciones.

    Botón de ayuda (?)
    Muestra la ayuda de la aplicación.

4) **Botones de comando**
    Realizan acciones determinadas, las cuales nos las indicará el programa al colocar el puntero encima de cada botón.

5) **Menú del botón de comando**
    En forma de flecha, debajo o a la derecha del botón de comando, proporciona opciones adicionales.

6) **Grupos de opciones**
    Conjunto de botones de comando agrupados temáticamente en cada ficha de la cinta de opciones (Fuente, Alineación, Número, ...).

7) **Menú del grupo de opciones**
    Este pequeño botón en la parte inferior derecha de un grupo de opciones abre el menú o cuadro de diálogo con opciones adicionales asociadas al grupo.

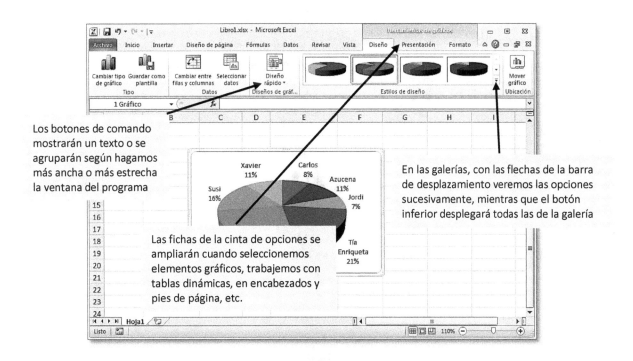

Los botones de comando mostrarán un texto o se agruparán según hagamos más ancha o más estrecha la ventana del programa

En las galerías, con las flechas de la barra de desplazamiento veremos las opciones sucesivamente, mientras que el botón inferior desplegará todas las de la galería

Las fichas de la cinta de opciones se ampliarán cuando seleccionemos elementos gráficos, trabajemos con tablas dinámicas, en encabezados y pies de página, etc.

El menú contextual

Además de los comandos de la cinta de opciones, contamos con otro práctico elemento: el **menú contextual**.

Las acciones más habituales que llevamos a cabo en *Excel* y las demás aplicaciones de *Office* las encontramos en este menú, que aparece cuando hacemos clic con el botón secundario del ratón, del touchpad u otro dispositivo en un sitio concreto: una celda, una columna, una imagen, etc.

Las indicaciones para realizar las prácticas

Para saber qué botón hay que clicar o qué opción hay que utilizar para realizar lo que se nos pide en cada práctica, en el libro se indicará, por ejemplo, de esta manera: **Insertar > Gráficos > Columna > Columna en 2D**.

En este caso hay que insertar un gráfico de columnas de dos dimensiones y la instrucción nos dice que hay que clicar en la **ficha Insertar**, luego, en el **grupo Gráficos** hay que clicar en el **botón Columna** y, por último, clicar en la **opción Columna en 2D**.

El color de la interfaz

Disponemos de tres gamas de color en los que mostrar la interfaz del programa: **azul**, **plateado** y **negro**. Para cambiar la combinación de colores iremos a **Archivo > Opciones > General** (este cambio afecta a todas las aplicaciones de *Office*).

Advertencia de seguridad

Las macros o macroinstrucciones son una especie de miniprogramas que podemos crear fácilmente y que realizan varias acciones en secuencia. Como estas acciones podrian ser perjudiciales si no sabemos quién ha grabado la macro, *Excel* y los otros programas de *Office* pueden mostrar esta advertencia.

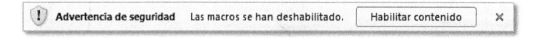

Ante tal advertencia de seguridad cabe cerrarla, habilitar el contenido si es nuestro o sabemos que es de confianza, o bien, clicar en **Las macros se han deshabilitado** y acceder a **Configuración del Centro de confianza > Configuración de macros** para establecer cómo han de comportarse los programas ante las macros.

Temas generales por módulo

Módulo 1

- Datos:
  - *Introducir*
  - *Borrar*
  - *Modificar*
- Columnas y filas:
  - *Ajustar anchura*
  - *Insertar*
  - *Eliminar*
- Libros de Excel:
  - *Guardar*
  - *Abrir*
  - *Cerrar*
- Deshacer/Rehacer
- Seleccionar con ratón y teclado
- Copiar, cortar y pegar

- Formato de celda:
  - *Fuente*
  - *Alineación*
  - *Bordes y sombreado*
  - *Orientación*
  - *Ajustar texto*
  - *Combinar*
- Formato de valores numéricos:
  - *Estilo millares*
  - *Formato moneda (€)*
  - *Controlar decimales*
- Borrar formatos
- Copiar formato
- Fórmulas simples:
  - *Insertar*

- *Copiar con el cuadro de llenado*
- Función =SUMA()
- Revisión ortográfica y sinónimos
- Desplazamiento rápido
- Configurar la página:
  - *Márgenes*
  - *Orientación*
  - *Tamaño*
- Encabezado y pie de página:
  - *Nombre de hoja*
  - *Número de página*
- Vista previa de impresión
- Impresión de la hoja

Módulo 2

- Fórmulas:
  - *Referencias*
  - *Constantes*
  - *Orden de los operadores aritméticos*
- Funciones:
  - *Insertar*
  - *Partes de una función*

- *Ejemplos de funciones*
- *Función trigonométrica =PI()*
- Errores en fórmulas y funciones
- Ayuda de Excel
- Hojas:
  - *Insertar*
  - *Mover*

- *Cambiar nombre*
- *Color de la etiqueta*
- *Centrado*
- Menú Formato de celda
  - *Números y fechas*
- Estilo porcentual
- Símbolo de porcentaje

Módulo 3

- Gráficos:
  - *Elementos del gráfico*
  - *Insertar*
  - *Modificar*
  - *Gráfico de columnas*
  - *Gráfico circular*
- Configurar la página:

- *Personalizar encabezado y pie de página*
- Cuadros de texto e imágenes
  - *Insertar*
  - *Modificar*
  - *Propiedades*
- Formas

- *Insertar*
- *Añadir texto*
- WordArt
- Listas y series
- Ocultar elementos de la hoja y de la ventana de Excel
- Guardar como PDF

Módulo 4

- Funciones estadísticas:
  =MIN(), =MAX(), =PROMEDIO()
- Funciones de búsqueda y referencia:
  =FILAS(), =BUSCARV()
- Funciones lógicas:
  =SI(), =SI() anidado
- Funciones texto:
  =CONCATENAR(), operador &
- Funciones financieras:
  =PAGO(), =NPER()

- Insertar funciones con asistente
- Fórmulas con fechas
- Referencias absolutas y mixtas
- Dar nombre a celdas
- Gráficos:
  Gráficos 3D
  Anillo
  Líneas
  Barras
- Configurar impresión:
  Líneas de la cuadrícula

  Área de impresión
- Vista diseño de página
- Insertar comentarios
- Formato condicional
- Hojas de cálculo:
  Copiar y mover en mismo y distinto libro
  Eliminar
  Seleccionar y agrupar
- Libros:
  *Actualizar libro *.xls*
  Organizar ventanas

Módulo 5

- Hojas de cálculo:
  Ocultar y mostrar columnas
  Inmovilizar paneles
  Seleccionar y agrupar
  Trabajo con varias hojas
  Fórmulas con referencias en hojas distintas
  Ventanas de las hojas
- Guardar en distinto formato
- Otras opciones de impresión:
  Ajustar escala

  Repetir filas
- Listas y bases de datos:
  Ordenar y filtrar
  Buscar y reemplazar
  Subtotales
  Tablas dinámicas
  Gráficos dinámicos
- Proteger la hoja y el libro
- Plantillas:
  Crear plantillas basadas en plantillas incluidas

  Crear y gestionar plantillas propias
- Personalizar Excel:
  Barra de acceso rápido
  Cinta de opciones
- Macros
- Compartir libros
- Importar datos externos
- Opciones de Excel

▶ MÓDULO 1

TEMAS

1.1 Datos: introducir, borrar y modificar · Columnas: cambiar anchura

Aquellas personas que hayan trabajado con tablas de *Word*, pero no con hojas de cálculo, han de tener en cuenta que la forma de **introducir datos**, **borrarlos** o **modificarlos** en *Excel* es algo distinto:

- Lo que escribimos no se introduce en la celda hasta que pulsamos **Entrar**, **Tab**, las teclas de dirección o clicamos en otra celda.

- La tecla **Supr** borra todo el contenido de la celda. La tecla **Borrar** (Retroceso) también borra el contenido, pero deja el cursor dentro de la celda.

- Para modificar el contenido de una celda haremos **doble clic** en ella o pulsaremos **F2**.

- El texto se alinea de forma predeterminada a la izquierda de la celda, mientras que los números y fechas lo hacen a la derecha.

El procedimiento para cambiar la **anchura** de una **columna** es muy similar al de las tablas de *Word*, arrastrar la intersección entre las columnas, pero ahora arrastraremos la intersección entre los **encabezados** de las columnas.

En este tema y en los ocho siguientes practicaremos las operaciones básicas en el trabajo con libros y hojas de cálculo mediante un supuesto práctico. Las prácticas de estos primeros temas muestran imágenes de la hoja tal como aparecerá en pantalla a medida que desarrollemos los ejercicios de cada punto.

PRÁCTICA

A En este supuesto configuraremos una lista de artículos con sus precios, subtotales y total que permita controlar las existencias del almacén y su valor.

Abra *Excel* y en la **Hoja1** del libro de trabajo que ha creado el programa automáticamente **escriba** el texto que se muestra en las celdas A1, B1 y C1.

> **NOTA:** Al abrir el programa siempre tendremos un libro nuevo, pero si queremos crearlo sin cerrar *Excel*, lo haremos en **Archivo > Nuevo > Libro en blanco > Crear** o pulsaremos **Ctrl+U**.

Para desplazase por las celdas, puede clicar con el puntero de la cruz blanca 🕀 o pulsar las teclas de dirección.

Alternativamente, puede usar **Tab** para desplazarse a la celda de la derecha y **Mayús+Tab** para desplazarse a la celda de la izquierda.

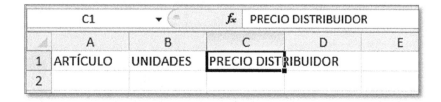

NOTA: El contenido de la celda activa, se muestra también en la **barra de fórmulas**, arriba de los encabezados de las columnas.

B   Podrá observar que el texto introducido en C1 es demasiado largo para la celda. **Ensanche** la columna C para que se muestre el texto **arrastrando** la línea de intersección que separa la columna C de la columna D.

Escriba TOTAL en D1.

	A	B	C	D
1	ARTÍCULO	UNIDADES	PRECIO DISTRIBUIDOR	TOTAL
2				

C   **Modifique** el contenido de la celda C1 haciendo **doble clic en la celda** y cámbielo a PRECIO UNITARIO.

Para editar el contenido también puede clicar en la barra de fórmulas o pulsar **F2**.

D   Por último, **introduzca los datos** mostrados en las celdas.

	A	B	C	D
1	ARTÍCULO	UNIDADES	PRECIO UNITARIO	TOTAL
2	Golosinas	120	25	
3	Pipas	540	40	
4	Quicos	326	35	
5	Papas	785	50	

NOTA: Si introduce los datos por filas pulsando **Tab**, cuando introduzca el último de esa fila, pulse **Entrar** y se desplazará automáticamente a la celda inicial de la fila siguiente. Este procedimiento es muy útil en hojas donde hemos de introducir datos en muchas columnas.

1.2 Columnas: insertar, seleccionar y ajustar automáticamente · Guardar libros

Tres operaciones básicas a realizar con las columnas son **insertarlas**, **seleccionarlas** y **ajustar** su anchura **automáticamente**, operaciones que realizaremos fácilmente con el ratón y el menú contextual.

Columnas, filas y celdas forman parte de la hoja de cálculo, pero los archivos de *Excel* son un conjunto de hojas de cálculo, llamados **libros de trabajo**. Así, cuando guardamos un archivo, guardamos el libro con todas las hojas que contiene.

PRÁCTICA

A   Siguiendo con el supuesto práctico iniciado en el tema anterior, hemos de consignar el código antes del nombre de los artículos.

Necesitamos **insertar una columna** antes de la columna A para poder introducirlo.

Use el **menú contextual del encabezado** de la columna o, estando en cualquier celda de la columna A, acceda a **Inicio > Celdas >** menú **Insertar**. Las columnas insertadas aparecen a la izquierda de las seleccionadas.

B   Ajuste **automáticamente la anchura** de las columnas A, B, C, D y E de la siguiente manera:

- Una a una: haga **doble clic** en la intersección del encabezado de la columna con la siguiente.

- Todas a la vez: **seleccione** las columnas arrastrando por encima de los encabezados y haga **doble clic** en la intersección de cualquiera de los encabezados seleccionados.

	A	B	C	D	E
1	CÓDIGO	ARTÍCULO	UNIDADES	PRECIO UNITARIO	TOTAL
2	go	Golosinas	120	25	
3	pi	Pipas	540	40	
4	qu	Quicos	326	35	
5	pa	Papas	785	50	

C   **Guarde el libro** con el nombre de **Prácticas de Excel 1.xlsx** en la carpeta **Documentos** o en otra carpeta de su elección clicando en el botón **Guardar** de la barra de acceso rápido o: **Archivo > Guardar** o **Ctrl+G**.

Haga todas las prácticas en este libro si no se indica lo contrario.

Nota: La extensión **.xlsx** no es necesario escribirla, ya que *Excel* la pone por nosotros, tal como se ve en la casilla **Tipo**.

▌1.3   Fórmulas: insertar, copiar con el cuadro de llenado

La razón de ser de toda hoja de cálculo es, obviamente, realizar cálculos de todo tipo. Y para ello necesitamos las **fórmulas**, que se introducen mediante el signo igual (**=**).

Una vez escrita una fórmula se puede **copiar** fácilmente con el **cuadro de llenado** (esquina inferior derecha de la celda) para no tener que repetirla, ya que se actualizará automáticamente al copiarla.

Si nos equivocamos en alguna acción, contamos con la opción de **deshacer**, y si nos pasamos deshaciendo, tendremos la opción de **rehacer**. Practicaremos todo lo anterior a continuación.

PRÁCTICA

A   Para **calcular los totales** de los artículos de la lista necesitamos una fórmula. Escriba en la celda E2: **=C2*D2**.

Al pulsar **Entrar** la celda mostrará el resultado, mientras que en la barra de fórmulas aparecerá la fórmula escrita, en este caso: el contenido de la celda C2 multiplicado (*) por el contenido de la celda D2.

E2	▼	f_x	=C2*D2

	C	D	E
1	UNIDADES	PRECIO UNITARIO	TOTAL
2	120	25	3000
3	540	40	
4	326	35	
5	785	50	

Las fórmulas pueden contener números, referencias a celdas (C2, D2) y los operadores aritméticos **suma** (+), **resta** (-), **multiplicación** (*), **división** (/) y **potencia** (^).

B   Ahora, **copie la fórmula** a las demás celdas arrastrando el **cuadro de llenado**, el pequeño cuadrado en la esquina inferior derecha de la celda.

Al arrastrar nos aseguraremos de que el puntero ha cambiado a la forma de cruz negra **+**.

Si la forma es una flecha y una cruz con puntas, indica que estamos en el borde de la celda y al arrastrar, la moveremos.

	C	D	E
1	UNIDADES	PRECIO UNITARIO	TOTAL
2	120	25	3000
3	540	40	
4	326	35	
5	785	50	
6			**+**

1.4   Insertar filas · Botón Suma · Deshacer y rehacer · Cerrar libro

Insertar filas, al igual que hemos hecho con las columnas, es muy sencillo con el ratón y el menú contextual.

Igualmente sencillo es calcular un total mediante el **botón Suma**, que introduce esta función en la celda.

Cuando nos equivocamos, nada mejor que **deshacer** el error con un solo clic. Y si deshacemos más de la cuenta, contamos con la opción de **rehacer**.

Al acabar de trabajar con un libro podemos cerrar *Excel*, pero también podemos **cerrar el libro** y mantener el programa abierto. Esto será útil en ordenadores poco potentes, que tardan más tiempo en abrir los programas.

PRÁCTICA

A   Nos hemos olvidado de introducir un artículo: **inserte una fila** entre las **Pipas** y los **Quicos** para introducir los **Frutos Secos**.

Para ello, use el **menú contextual del encabezado** de la fila 4 o, estando en cualquier celda de la fila 4, acceda a **Inicio > Celdas >** menú **Insertar > Insertar filas de hoja**. Las filas insertadas aparecen arriba de las seleccionadas.

Copie la **fórmula** del total para este artículo arrastrando el **cuadro de llenado**.

	A	B	C	D	E
1	CÓDIGO	ARTÍCULO	UNIDADES	PRECIO UNITARIO	TOTAL
2	go	Golosinas	120	25	3000
3	pi	Pipas	540	40	21600
4	fr	Frutos Secos	294	160	47040
5	qu	Quicos	326	35	11410+

> **NOTA:** Para copiar fórmulas o cualquier otro elemento de una hoja, podemos usar también los botones de la ficha **Inicio** o las combinaciones **Ctrl+C** (copiar) y **Ctrl+V** (pegar).

B   Ahora, **calcule la suma total** en la celda E7 clicando el botón **Suma** Σ [**Inicio > Modificar**], el cual introducirá automáticamente la función **=SUMA(E2:E6)** cuando clique en él por segunda vez o pulse **Entrar**.

Alternativamente, se pueden seleccionar las celdas E2 a E7 antes de pulsar el botón **Suma**.

	E7	▼	f_x	=SUMA(E2:E6)	
	A	B	C	D	E
1	CÓDIGO	ARTÍCULO	UNIDADES	PRECIO UNITARIO	TOTAL
2	go	Golosinas	120	25	3000
3	pi	Pipas	540	40	21600
4	fr	Frutos Secos	294	160	47040
5	qu	Quicos	326	35	11410
6	pa	Papas	785	50	39250
7				SUMA TOTAL	122300

> NOTA: Las **funciones** son una especie "fórmulas prediseñadas" que ahorran mucho trabajo en cálculos complejos o repetitivos. La función =SUMA() tiene su propio botón, dado que es la más utilizada, pero *Excel* cuenta con muchas más funciones, las más importantes de las cuales serán el objeto de próximos temas.

C   Modifiquemos algunos datos numéricos para ver cómo se recalculan las fórmulas introducidas:

- Cambie el precio de las **golosinas** a **35,50** y el de los **quicos** a **29,99**.

- Cambie las unidades de **pipas** a **1540**, de los **frutos secos** a **2500** y de las **papas** a **178**.

Compruebe que cambian automáticamente los **resultados de las fórmulas**.

D   La opción **Deshacer** deshace la última acción realizada, es decir, va hacia atrás en la secuencia de acciones que hemos hecho (escribir, suprimir, etc.). La podemos activar con el **botón Deshacer** de la barra de acceso rápido (en la esquina superior izquierda de la ventana de *Excel*) o con **Ctrl+Z**.

La opción **Rehacer** rehace la última acción que hemos deshecho; si nos pasamos deshaciendo, esto nos será muy útil. La podemos activar con el **botón Rehacer** de la barra de acceso rápido o con **Ctrl+Y**.

Practique las opciones **Deshacer [Ctrl+Z]** y **Rehacer [Ctrl+Y]**, por ejemplo: borre o cambie el contenido de alguna celda, inserte o elimine filas o columnas y deshaga la acción.

E   Al acabar, guarde el libro y **ciérrelo** clicando en el botón correspondiente de la <u>ventana del libro</u>, pero mantenga *Excel* abierto. Alternativamente, acuda a **Archivo > Cerrar** o pulse la combinación de teclas **Ctrl+F4**.

> NOTA: Los libros ocupan su propia ventana dentro de la ventana del programa, por ello existe una doble fila de botones de control, siendo los inferiores para la ventana del libro.

1.5   Abrir libros · Seleccionar · Formato de celda: fuente y alineación · Ajustar filas

Los libros de *Excel*, como cualquier otro tipo de archivo, se pueden **abrir** desde la carpeta que los contiene o desde la propia aplicación.

En las hojas de los libros, para realizar acciones que afecten a varias celdas, columnas o filas tendremos que **seleccionarlas** previamente. Las posibilidades son muy amplias, ya que podemos seleccionarlas, tanto si son adyacentes, como si están separadas. En este último caso, pulsaremos **Ctrl** para añadir celdas, columnas o filas a la selección.

Como formatos de celda más usuales practicaremos aquí la aplicación de la **fuente**, los **bordes** y el **sombreado**, que nos servirán para destacar las celdas que consideremos más importantes. Con las opciones de **alineación** colocaremos el contenido de las celdas a la izquierda, centro o derecha, tanto horizontal, como verticalmente.

Todas estas opciones las encontraremos en los grupos **Fuente** y **Alineación** de la ficha **Inicio**.

También veremos cómo **ajustar la altura de las filas** manual y automáticamente, lo cual haremos de igual manera que con las columnas.

PRÁCTICA

A   Abra su libro **Prácticas de Excel 1.xlsx** desde su carpeta o desde **Archivo > Abrir** (o **Ctrl+A**) y modifique la lista de la **Hoja1** siguiendo las instrucciones.

B   **Seleccione** las celdas desde A1 hasta E1 arrastrando el **puntero de la cruz blanca** ⊕ por encima de las celdas o pulsando las teclas de dirección mientras mantiene pulsada **Mayús**.

En el grupo **Fuente** aplíqueles los **formatos** negrita [también **Ctrl+N**] y cursiva [también **Ctrl+K**].

C   Aplique los mismos formatos a las celdas D7 y E7, seleccionándolas previamente.

D   Seleccione de nuevo las celdas desde A1 hasta E1, **centre** su contenido [**Alineación >** botón **Centrar**] y coloque un **borde** inferior grueso [**Fuente >** menú **Bordes**].

E   **Alinee** a la **derecha** el contenido de la celda D7 (SUMA TOTAL) [**Alineación >** botón **Alinear a la derecha**].

F   **Seleccione** las celdas A1 y B1 y **alinee** su contenido a la **izquierda [Alineación > botón Alinear a la izquierda]**.

G   Ahora, **seleccione** las celdas C1 y D1 y **alinee** su contenido a la **derecha**.

H   **Seleccione** las celdas D7 y E7, apliqueles un **borde** grueso alrededor.

I   **Seleccione** las celdas A1 hasta E1 y, a continuación, <u>manteniendo **Ctrl** pulsado</u>, seleccione las celdas D7 y E7. Quíteles el formato cursiva y apliqueles un **sombreado** color anaranjado.

J   **Seleccione** las filas 1 a la 7 arrastrando por sus encabezados y hágalas **más altas**: arrastre la intersección de los encabezados de cualquiera de las filas seleccionadas.

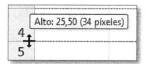

> NOTA: Al seleccionarlas previamente y tener <u>igual altura</u>, la altura conseguida será uniforme en todas ellas. Si la altura de la fila cuya intersección arrastramos fuera distinta, el resto de filas tendrían la altura de la arrastrada. Lo mismo sucede al cambiar manualmente la anchura de las columnas.

K   **Seleccione toda la hoja** clicando en el botón a la izquierda de la columna A / arriba de la fila 1 y cambie la **fuente** a *Trebuchet MS 11* **[Fuente]**.

> NOTA: Al pulsar la combinación **Ctrl+E**, se selecciona el grupo de celdas adyacentes con contenido, pero, si lo pulsamos y no hay celdas adyacentes con contenido, se selecciona toda la hoja.

L   Con toda la hoja seleccionada **ajuste automáticamente** la **anchura** de las columnas y la **altura** de las filas (doble clic en las intersecciones de filas/columnas).

El resultado de todos los pasos anteriores debería ser el siguiente:

	A	B	C	D	E
1	CÓDIGO	ARTÍCULO	UNIDADES	PRECIO UNITARIO	TOTAL
2	go	Golosinas	120	35,5	4260
3	pi	Pipas	1540	40	61600
4	fr	Frutos Secos	2500	160	400000
5	qu	Quicos	326	29,99	9776,74
6	pa	Papas	178	50	8900
7				SUMA TOTAL	484536,74

1.6 Formato de celda: estilo millares, moneda (€), decimales · Borrar formatos

Además de los formatos "estéticos", como los bordes o el sombreado, tenemos otros más importantes en el ámbito del cálculo en el grupo **Número** de la ficha **Inicio**. En este tema nos centraremos en tres.

- El **estilo millares** coloca el separador de miles, dos decimales y deja una sangría (espacio) a la derecha.

- El **formato moneda (€)** separa los miles, pone dos decimales y el símbolo del euro.

- Los **decimales** se pueden aumentar o disminuir a voluntad con sendos botones.

Por último, el botón **Borrar**, nos permite **borrar los formatos** aplicados, entre otras opciones de su menú.

PRÁCTICA

A Seleccione las celdas C2 a C6 y aplíqueles el **estilo millares [Número > botón Estilo millares]**.

> **Nota**: Si aparece en las celdas este símbolo ###### (o un número en forma exponencial) quiere decir que la anchura de la columna no es suficiente para mostrar su contenido: ensanche la(s) columna(s) hasta que se muestre el contenido.

B Disminuya los **decimales** de esas celdas hasta que desaparezcan **[Número > botón Disminuir decimales]**.

C Aplique el **formato moneda** a las celdas que contienen el precio unitario, el total y la suma total **[Número > menú Formato de número > Moneda]**.

	A	B	C	D	E
1	CÓDIGO	ARTÍCULO	UNIDADES	PRECIO UNITARIO	TOTAL
2	go	Golosinas	120	35,50 €	4.260,00 €
3	pi	Pipas	1.540	40,00 €	61.600,00 €
4	fr	Frutos Secos	2.500	160,00 €	400.000,00 €
5	qu	Quicos	326	29,99 €	9.776,74 €
6	pa	Papas	178	50,00 €	8.900,00 €
7				SUMA TOTAL	484.536,74 €

> **Nota**: El formato de número de **contabilidad** es prácticamente igual al de moneda. Este último usa el símbolo de moneda preestablecido, en este caso, el €, y tiene más posibilidades de personalización.

D Compruebe la opción de **borrar los formatos**, por ejemplo, aplique varios en una celda fuera de las ya escritas y clique en el botón de la goma de borrar **[Inicio > Modificar > botón Borrar]**.

▌1.7   Eliminar filas · Copiar, cortar y pegar · Copiar formato

Al igual que podemos insertar filas o columnas, podemos **eliminarlas** de forma similar, siendo la opción más rápida el menú contextual del encabezado de la fila/columna.

Para copiar una fórmula hemos utilizado el cuadro de llenado, pero también nos vale el procedimiento "clásico" de **copiar** y **pegar**; o **cortar** y **pegar** si queremos moverla. Obviamente, estas acciones son válidas para cualquier contenido que haya en la celda: texto, fechas, funciones, etc.

La tabla de abajo muestra los variados procedimientos que podemos usar para copiar, cortar y pegar.

De todos ellos, el teclado y el menú contextual son los más seguros y, generalmente, los más rápidos.

ACCIÓN	TECLADO	RATÓN	MENÚ CONTEXTUAL	BOTONES FICHA INICIO
Copiar	**Ctrl+C**	**Ctrl+arrastrar el borde de la celda**	**Copiar**	
Cortar	**Ctrl+X**	**Arrastrar el borde de la celda**	**Cortar**	Pegar
Pegar	**Ctrl+V**	- - -	**Pegar**	Portapapeles

Además del contenido de las celdas se pueden **copiar los formatos** y aplicarlos en otras celdas, lo cual es útil para que el nuevo contenido recoja el aspecto de los que ya tenemos establecidos.

Esta operación consta de tres pasos:

1) **situarnos** en la celda con el formato a copiar,

2) **clicar** en el **botón** de copiar formato y

3) **seleccionar** la(s) celda(s) donde queremos pegarlo.

ACCIÓN	PROCEDIMIENTO
Copiar formato	**Inicio > Portapapeles > botón Copiar formato** (con doble clic queda activo hasta que cliquemos de nuevo)
Pegar formato	**Seleccionar con el ratón**

Práctica

A   Añada un nuevo artículo, el regaliz, a partir de la **celda A10**.

   Copie los formatos de las celdas ya escritas y péguelos en las nuevas.

	A	B	C	D
1	CÓDIGO	ARTÍCULO	UNIDADES	PRECIO UNITARIO
10	re	Regaliz	4.600	34,55 €

   NOTA: Copiar formato funciona también con otros elementos, como las imágenes, los cuadros de texto o el WordArt.

B   **Inserte** una fila entre la fila 5 y la fila 6 mediante el **menú contextual del encabezado** de la fila o desde **Inicio > Celdas >** menú **Insertar.**

C   Ahora, seleccione la **fila 11**, que contiene el nuevo artículo, **córtela** y **péguela** en la fila insertada, a partir de la celda **A6**.

D   **Copie** la **fórmula** del TOTAL mediante el procedimiento de **copiar y pegar**.

E   Por último, **elimine** la **fila 2**, las golosinas **[menú contextual del encabezado** de la fila o **Inicio > Celdas >** menú **Eliminar].**

F   Compruebe que el resultado de los pasos anteriores es el siguiente:

	A	B	C	D	E
1	CÓDIGO	ARTÍCULO	UNIDADES	PRECIO UNITARIO	TOTAL
2	pi	Pipas	1.540	40,00 €	61.600,00 €
3	fr	Frutos Secos	2.500	160,00 €	400.000,00 €
4	qu	Quicos	326	29,99 €	9.776,74 €
5	re	Regaliz	4.600	34,55 €	158.930,00 €
6	pa	Papas	178	50,00 €	8.900,00 €
7				SUMA TOTAL	639.206,74 €

1.8   Revisión ortográfica · Sinónimos · Traducción · Referencia

La **revisión ortográfica** tiene más utilidad en un procesador de texto, como *Word*, donde el texto escrito prima sobre los números, aun así, no está de más contar con esta herramienta y con la de **sinónimos**.

Al igual que la revisión ortográfica, una herramienta de **traducción** juega un papel secundario en *Excel*, no obstante, puede que nos sea útil en alguna ocasión. Ahora bien, si el texto que traducimos vamos a distribuirlo con fines "serios", lo mejor será que lo redacte un traductor cualificado, ya que la herramienta que proporciona el programa no es fiable al cien por cien.

Los idiomas disponibles para traducir activados los veremos y controlaremos desde la herramienta **Referencia**, la cual nos permite consultar palabras en las obras de referencia incluidas, como el Diccionario de la RAE, o en sitios web.

Las herramientas mencionadas se encuentran en los grupos **Revisión** e **Idioma** de a ficha **Revisar**.

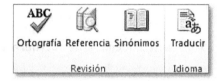

PRÁCTICA

A   Cambie un par de palabras, por ejemplo, "Kikos" por "Quicos" y "Rejalis" por "Regaliz" y active la **revisión ortográfica** colocándose en la primera celda **[Revisión > Ortografía]**.

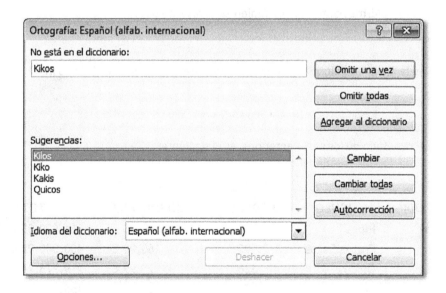

Para corregir las palabras incorrectas, selecciónelas en la lista de sugerencias y clique en **Cambiar**.

Si quiere ver qué sugerencias de **sinónimos** le ofrece el programa, acuda a **[Revisión > Sinónimos]**.

B   Colóquese ahora en la celda A1 y desde **Idioma > Traducir** traduzca su contenido al **inglés** (Estados Unidos).

C   En el panel donde ha aparecido la traducción, borre el contenido de la casilla **Buscar** y escriba "pipa".

Despliegue el menú bajo dicha casilla y elija **Diccionario de la Real Academia Española**.

Escriba otra(s) palabra(s) y clique en el botón de la flecha 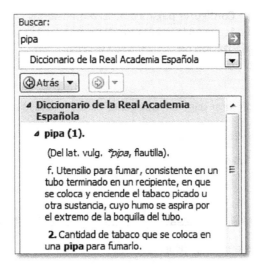, a la derecha de la casilla **Buscar**.

1.9   Vista previa de impresión · Configurar página · Encabezado y pie de página · Impresión

Aunque las hojas de cálculo son muy extensas, cuando imprimimos obtenemos solo la parte que hemos escrito, es decir, el rango de celdas que tiene contenido. Para ver cómo se imprimirá la hoja acudiremos a la **vista previa de impresión**, en el menú **Archivo**.

Según el tamaño del papel que usemos y los márgenes que establezcamos en nuestras páginas, cabrán más o menos filas y columnas a la hora de imprimir. Por ello, es necesario controlar la **configuración de la página**.

Igualmente necesario es controlar el **encabezado** y **pie de página** para imprimir en cada página la misma información, como el nombre de la hoja, del libro o de una persona, o bien, el número de página.

PRÁCTICA

A Abra su libro **Prácticas de Excel 1** y con la **Hoja1** en pantalla active la **Vista previa de impresión** para comprobar cómo será el resultado de la impresión **[Archivo > Imprimir]**.

B Cierre el menú **Archivo** y advierta que <u>unas líneas punteadas le muestran los límites de impresión</u> para el tamaño de papel que tenga establecido, normalmente A4.

> NOTA: *Excel* imprime por columnas (y filas) completas, es decir, aunque parte de una columna (o fila) quepa entre los márgenes, si no se puede imprimir entera, no se imprimirá.

C Compruebe en **Diseño de página > Configurar página** que las **dimensiones** del papel coinciden con las del que tenga en la impresora. Asimismo, en la misma ficha compruebe que la **orientación** de la página sea vertical.

D En **Diseño de página** > menú **Configurar página > Márgenes** establezca los siguientes márgenes:

- Superior, inferior, izquierdo y derecho: **2,5 cm.**
- Encabezado y pie de página **1,5 cm**.

E En la ficha **Encabezado y pie de página**, <u>desplegando las casillas correspondientes</u>, establezca

- Como encabezado el nombre de la hoja (**Hoja1**).
- Como pie de página elija **Página 1.**

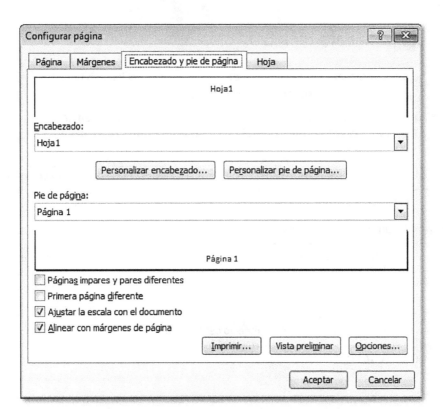

F   Sin salir del cuadro de diálogo, active de nuevo la **Vista previa de impresión** clicando en el botón **Vista preliminar** y compruebe que se muestra el encabezado y el pie.

Compruebe, también, que la hoja cabe en **una sola página** (de lo contrario, tendrá que ajustar la anchura de las columnas).

Los botones en la parte inferior derecha nos permiten **ampliar** la visualización y mostrar los **márgenes**, con lo cual veremos la disposición de las columnas y podremos modificar su achura.

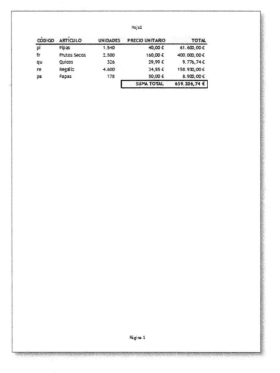

G   Por último, **imprima** la hoja si lo cree conveniente y **guarde el libro.**

1.10   Desplazamiento rápido

Si trabajamos con hojas extensas, nos vendrá bien saber cómo movernos al inicio o final de las filas o columnas rápidamente y otros procedimientos de **desplazamiento rápido**.

Para **desplazarnos** celda a celda con el teclado usamos las **teclas de dirección**, o bien, **Inicio** (inicio de fila), **Av Pág** (pantalla abajo), **Re Pág** (pantalla arriba), pero también pueden sernos útiles las siguientes combinaciones:

TECLAS	DESPLAZAMIENTO
Alt+**Av Pág**	Pantalla a la **derecha**
Alt+**Re Pág**	Pantalla a la **izquierda**
Ctrl+**Inicio**	Celda **inicial** de la **hoja**
Ctrl+**Fin**	Celda **final** con contenido de la **hoja**

TECLAS*	DESPLAZAMIENTO
Ctrl+↑	Celda **inicial** de la **columna**
Ctrl+↓	Celda **final** de la **columna**
Ctrl+←	Celda **inicial** de la **fila**
Ctrl+→	Celda **final** de la **fila**

* Este desplazamiento tiene en cuenta las celdas con contenido dentro el rango de celdas donde lo activamos. En el caso de no existir contenido en las celdas cuando pulsamos estas combinaciones, llegaremos al inicio o final de la hoja, siendo la última columna: **XFD** y la última fila: **1048576**.

PRÁCTICA

A   Abra el libro **Empresas.xlsx** que se encuentra en la carpeta **Archivos Excel 2010** (descargar carpeta de **rafaroca.net/libros/excel2010**) y practique los procedimientos mencionados. Ciérrelo al acabar.

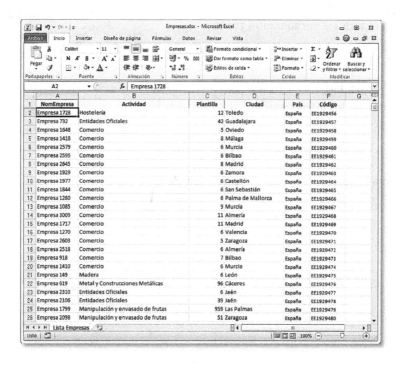

1.11 Formato de celda: alineación vertical, orientación, combinar celdas, ajustar texto

En este tema practicaremos otras opciones para dar **formato** a las celdas, siendo las más interesantes, la **alineación vertical**, para aplicar en filas más altas que el texto; **combinar celdas**, que nos permite unir varias celdas en una sola y el **ajuste de texto**, que hará que un texto largo se distribuya en la celda como lo haría en una tabla de *Word*.

PRÁCTICA

A En **Prácticas de Excel 1** clique en la **etiqueta** de la **Hoja2** para acceder a ella y llevar a cabo las prácticas.

B Escriba el texto en las celdas en *Calibri 12* y **cambie su formato tal como se indica** en ellas: por ejemplo, si aparece "Texto centrado en la celda B3", debe escribir dicha frase en una sola celda, la B3, y centrarlo.

Todos los formatos se encuentran en **Inicio > Alineación >** botones de: **Alineación horizontal y vertical / Orientación / Ajustar texto / Combinar y centrar**.

	A	B	C	D	E	F	G	H
1								
2								
3		Texto centrado en la celda B3			Texto alineado a la derecha en la celda G3			
4								
5	Un texto largo escrito en una celda dará la impresión que ocupa las celdas adyacentes							
6								
7	Aquí se ha hecho la fila más alta y el texto de esta celda **(A7)** se ha centrado verticalmente							
8								
9	El texto de esta celda fluye hacia abajo porque se ha aplicado a la celda el formato **Ajustar texto**		Este texto se ha girado hacia arriba		Aquí se ha utilizado el botón **Combinar y centrar** para combinar las celdas E9:G9 horizontalmente. También se ha aplicado el formato **ajustar texto** y el **centrado vertical**			

▶ MÓDULO 2

TEMAS

2.1   Fórmulas · Orden de los operadores aritméticos

En este tema aprenderemos a confeccionar **fórmulas**, así como el orden de los **operadores aritméticos**. Ya sabemos que para decirle a *Excel* que calcule, hay que escribir el signo igual =. Pero, ¿qué podemos incluir en una fórmula? Veamos:

- **Referencias** a celdas (A3, B52, K7, …).
- **Constantes numéricas**, es decir, cualquier número positivo o negativo.
- **Operadores aritméticos**, que son la suma (+), la resta (-), la multiplicación (*), la división (/) y la potencia (^).

> **NOTA:** La potencia (o exponente) es el acento circunflejo y, como tal, no lo veremos hasta que escribamos el número al que elevamos. Por ejemplo, para calcular 3 elevado al cuadrado (3^2), escribiremos el 3, el acento circunflejo y el 2.

Hay que tener muy en cuenta que el programa ejecuta unos operadores antes que otros, así que habrá que usar los **paréntesis** para indicar que queremos que realice antes esa operación si es el caso. Por ejemplo, la fórmula **=3+2*5** dará como resultado **13** porque *Excel* hará primero la multiplicación (2*5=10; 3+10=13). Si queremos que haga primero la suma debemos escribir **=(3+2)*5**, cuyo resultado será **25**.

ORDEN DE EJECUCIÓN DE LOS OPERADORES ARITMÉTICOS EN LAS FÓRMULAS		
Orden	**Operador**	**Descripción**
1º	^	Exponente (potencia)
2º	* y /	Multiplicación y división
3º	+ y −	Suma y resta

PRÁCTICA

A   En la **Hoja3** del libro de prácticas **escriba las fórmulas en la columna D** (RESULTADO) y compruebe que dan el resultado correcto (no las escriba en la columna C, que simplemente nos muestra la fórmula o función usada).

Las referencias se pueden introducir clicando en las celdas, pero es más seguro escribirlas. En todo caso, para evitar problemas, hay que acabar la fórmula pulsando **Entrar** o **Tab**.

	A	B	C	D
1	**DATOS**		**FÓRMULA**	**RESULTADO**
2	**12**		=A2-A3+A4-25	-63
3	**100**		=A2+A3*A4	5012
4	**50**		=(A2+A3)*A4	5600
5			=A3/A4^2	0,04
6			=(A3/A4)^2	4

2.2   Funciones: sintaxis y ejemplos

Ya hemos mencionado que las **funciones** son fórmulas prediseñadas que realizan cálculos complejos o repetitivos, lo cual agiliza nuestro trabajo. Por ejemplo, es más rápido escribir =SUMA(A2:A9) que =A2+A3+A4+A5+A6+A7+A8+A9.

Existen funciones de **diversos tipos**: matemáticas, como la función =SUMA(), trigonométricas, estadísticas, lógicas, financieras, de texto, de fecha y hora, etc. (ver **Fórmulas > Biblioteca de funciones**).

Los datos con los que opera una función se colocan siempre dentro de los **paréntesis** que siguen a su nombre y se les denomina **argumentos** de la función.

Estos datos o argumentos pueden ser referencias a celdas, constantes numéricas y operadores aritméticos, pero, según el tipo de función, también pueden ser operadores lógicos, caracteres (texto) e, incluso, otra función. Las funciones que arrojan un resultado, como una fecha o el número pi, no llevan argumentos dentro de los paréntesis: =HOY(), =PI().

Dos **operadores propios de las funciones** son los dos puntos (**:**) y el punto y coma (**;**). Los **dos puntos** indican **"desde…hasta"**, mientras que el **punto y coma** indica **"y"**. Así, la función estadística =PROMEDIO(A2:A9), nos dará la media aritmética desde A2 hasta A9, es decir, de todos los datos contenidos en ese rango de celdas.

PRÁCTICA

A   A continuación de la práctica anterior **escriba en la columna D las funciones** indicadas y compruebe el resultado.

		FUNCIÓN	RESULTADO
8		**FUNCIÓN**	**RESULTADO**
9		=SUMA(A2:A4;38)	200
10		=PRODUCTO(A3;A4)	5000
11		=PROMEDIO(A2:A4)	54
12		=PI()	3,141592654
13		=HOY()	26/07/2017
14			
15		**FÓRMULA+FUNCIÓN**	**RESULTADO**
16		=RAIZ(A4)+RAIZ(A3)-A2	5,07
17		=2*PI()*7	43,98229715
18		=HOY()+365	26/07/2018

NOTA: Si queremos escribir la fórmula o función para verla en la celda, sin que *Excel* la calcule, hemos de establecer el formato de la celda como texto **[Inicio > Número > Formato de número > Texto]** antes de escribir la fórmula.

Si lo que necesitamos es ver las fórmulas o funciones en las celdas en lugar del resultado, habrá que acudir a **Fórmulas > Auditoría de fórmulas > Mostrar fórmulas** o pulsar **Ctrl+`** (acento abierto).

▌2.3 Errores en fórmulas y funciones · Ayuda de Excel

Cuando ocurre un error en una fórmula o función, *Excel* muestra un código que indica el **tipo de error** cometido. Hemos de conocer, pues, los códigos de error más comunes para saber cómo corregirlos.

Con todo, si tenemos dificultades al intentar corregir el error o queremos saber más sobre este tema, siempre podremos acudir a la **ayuda** del programa.

PRÁCTICA

A A la vista de los códigos de error de la tabla de abajo, compruébelos escribiendo en la **Hoja3** los ejemplos dados.

ERROR	DESCRIPCIÓN Y EJEMPLOS
#####	Indica que el ancho de una columna no es suficiente para mostrar todo el texto y se arregla al ensanchar la columna. Pero también aparecerá cuando una celda con una fecha u hora tenga un valor negativo. Ejemplo: **-01/08/2017**, compruébelo escribiendo una fecha y, una vez introducida, modifíquela añadiendo el signo negativo.
#¡DIV/0!	Hemos efectuado una división por cero (0) o por una celda vacía. Ejemplo: **=A2/A6**
#¿NOMBRE?	Indica que el nombre de una función (o de un rango) puede estar mal escrito. Ejemplo: **=SUMA, =PRODUCTO(A2:A4), =RAIZ(AB)**
#¡NÚM!	Este error aparece cuando una fórmula o función contiene valores numéricos no válidos. Ejemplo: **=RAIZ(-10)**
#¡REF!	Indica que en la fórmula o función existe una o más referencias de celda no válidas. Suele darse cuando se eliminan o se mueven celdas que formaban parte de la fórmula.

NOTA: Una celda con la esquina superior izquierda coloreada nos avisa de que la fórmula podría no ser correcta.

B Acuda a la **ayuda** de *Excel* [clic en el interrogante o **Archivo > Ayuda**] para ampliar la información y busque: *Buscar y corregir errores en las fórmulas* en la ventana de la ayuda.

Dentro del artículo localice el punto **Corregir errores comunes al escribir fórmulas**.

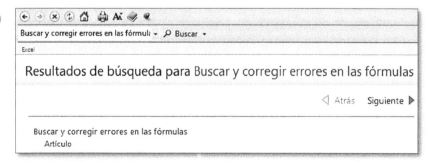

2.4   Hojas: insertar, cambiar el nombre, color de la etiqueta, mover

Al acabar la práctica anterior habrá comprobado que no dispone de más hojas. Así pues, tendremos aprender a **insertar hojas**.

> NOTA: En cada libro nuevo hay tres hojas de forma predeterminada, pero podemos establecer el número que queramos hasta un máximo de 255 en **Archivo > Opciones > General > Al crear nuevos libros > Incluir este número de hojas**.

Para identificar mejor cada hoja es conveniente **cambiar el nombre** según su contenido. También podemos utilizar un **color de etiqueta** para destacarla.

Si arrastramos su etiqueta, **moveremos** la hoja. Al mover las hojas, las organizamos en el orden que nos interese.

PRÁCTICA

A   Inserte una **hoja** clicando la pestaña **Insertar hoja de cálculo**, a la derecha de la etiqueta de la última hoja.

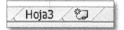

B   Cambie el **nombre de las etiquetas** de las hojas para que este refleje su contenido (por ejemplo: **Temas 1.1-1.9; Temas 2.2-2.3; Tema 2.4**) con el menú contextual de cada etiqueta.

C   Cambie el **color de las etiquetas**, si quiere, con el menú contextual.

D   Compruebe que puede **mover una hoja** arrastrando su etiqueta.

Si no se especifica de otra manera, <u>realice estas acciones con cada nueva práctica</u>: **inserte** hoja nueva, cambie su **nombre** y, si fuera necesario, **muévala** al final del libro.

2.5   Fórmulas · Función trigonométrica =PI()

Para ir adquiriendo seguridad en la confección de fórmulas y funciones planteamos tres problemas en los que hay que usar la **función trigonométrica =PI()**.

En las fórmulas tendrá que aparecer el dato π (**pi**) como función, pero solo hemos de poner el signo igual al principio de la fórmula.

PRÁCTICA

A   Hay que calcular la **longitud de una circunferencia** sabiendo que su radio (**r**) es de **25 cm** y la **fórmula** para calcularla: $2 * \pi * r$.

	A	B	C	D	E	F
1	Radio:	25	cm	Longitud:		cm

El resultado (en E1) redondeado a 3 decimales debe ser **157,080 cm**.

B   En este segundo problema hemos de calcular la **mitad del área de un círculo** con el mismo radio que en el punto anterior, 25 cm. La fórmula para calcular el área de un círculo es $\pi * r^2$.

	A	B	C	D	E	F
2	Radio:	25	cm	Mitad área círculo:		cm^2

El resultado (en E2) redondeado a 3 decimales debe ser **981,748 cm^2**.

C   En este tercer problema hemos de calcular el **volumen de una esfera**, también con el mismo radio, 25 cm. La fórmula para calcular el volumen de una esfera es:

$$\frac{4 * \pi * r^3}{3}$$

	A	B	C	D	E	F
3	Radio:	25	cm	Volumen esfera:		cm^3

El resultado (en E3) redondeado a 3 decimales debe ser **65.449,847 cm^3**.

2.6   Menú Formato de celda: números

Además de los botones para dar formato a las celdas en **Inicio > Número**, disponemos de más posibilidades en el **menú Formato de celdas** de ese grupo de opciones.

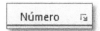

PRÁCTICA

A   Escriba el **primer número sin formato (15628,758)** y cópielo con el **cuadro de llenado**.

B   Desde **Inicio > Número** cambie el formato con el menú **Formato de celdas > Número**. Aplique los otros formatos de celda que se muestran (combinar celdas, alineación, bordes, etc.).

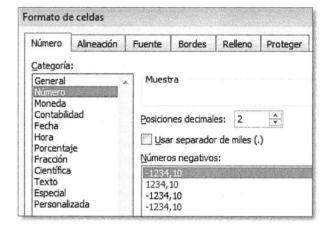

Hemos de tener en cuenta que, cuando disminuimos los decimales, el número se **redondea**, pero solo a efectos de presentación o impresión de la hoja. Si nos fijamos en la barra de fórmulas, veremos que internamente mantiene todos los decimales, lo cual es necesario si vamos a operar con él.

Por tanto, un cambio en el formato no afecta al dato numérico en sí, excepto en el estilo porcentual que lo multiplica por cien.

> **NOTA:** Recuerde que cuando aplicamos a una celda un formato determinado (negrita, centrado, bordes, formato moneda, fecha larga, etc.), aunque borremos su contenido conservará el formato dado anteriormente. Esto implica que lo que escribamos en esa celda recogerá todos los formatos anteriores. Si no nos interesan, bien aplicamos otros, bien los borramos todos desde **Inicio > Modificar > Borrar > Borrar formatos**.

2.7   Menú Formato de celda: fechas y horas · Centrar en página

Veremos ahora los formatos que podemos aplicar a las **fechas** y **horas** mediante el menú.

Si queremos imprimir el contenido de la hoja **centrado en la página** independientemente de los márgenes aplicados, lo activaremos en la configuración de la página.

PRÁCTICA

A   En la misma hoja de la práctica anterior, a partir de la columna D, **escriba cada una de las fechas y horas** en forma abreviada, es decir, con **barras** (o guiones) como separadores y con **dos puntos** si contiene la hora. Por ejemplo:

   1/8/2015 (fecha)   **1/8/2015 12:45** (fecha y hora)   **1/8/2015 12:45** (hora)

   Luego, cambie su formato tal como se ve abajo mediante el menú **Formato de celdas > Fecha / Hora**.

C	D	E
	Formatos de Fecha y Hora	
	FECHA CORTA	01/08/2015
	FECHA CORTA	1-ago-15
	FECHA LARGA	sábado, 01 de agosto de 2015
	FECHA LARGA	1 de agosto de 2015
	FECHA Y HORA	01/08/2015 15:30
	FECHA Y HORA	1-8-15 3:30 PM
	HORA	15:30
	HORA	3:30 PM

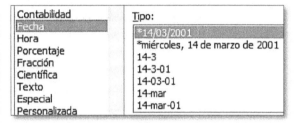

B   **Configure la página** de la hoja de la siguiente manera [**Diseño de página** > menú **Configura página**]:

   ▪ Márgenes, todos: **1,5 cm**   Encabezado y pie de página **0,75 cm**

   ▪ **Centre** el contenido de la **hoja** en la página **horizontalmente** (ficha **Márgenes**)

   ▪ Como **encabezado** elija el nombre del libro (**Prácticas de Excel 1**) como **pie de página** elija el nombre de la hoja y número de página (**Temas 2.6-2.7; Página 1**)

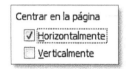

C   Por último, compruebe en la **Vista previa de impresión** cómo se imprimirá [**Archivo > Imprimir**] e imprímala si lo considera necesario.

2.8   Estilo porcentual

El **estilo porcentual** % se usa cuando el resultado de una fórmula tiene que expresarse en forma de tanto por ciento, es decir, se nos pide un porcentaje sobre un total.

Este formato **multiplica por cien** el contenido de la celda a la que se aplica. Por tanto, al hacer la fórmula omitiremos el paso de multiplicar por cien y aplicaremos el estilo porcentual a la celda que contiene la fórmula. Además, este estilo añade el símbolo de porcentaje como parte del formato.

PRÁCTICA

A   En esta práctica, que llevaremos a cabo en una hoja nueva, hay que calcular el porcentaje de varones y de mujeres sobre el total poblacional, que conseguiremos mediante una simple regla de tres y el estilo porcentual.

Escriba las fórmulas apropiadas, que han de arrojar los resultados mostrados en **negrita**. A partir de ahora, en las prácticas se mostrarán en negrita las celdas que contienen fórmulas y los datos en formato de fuente normal.

Aplique el formato de separador de miles a los datos y al total datos desde **Inicio > Número >** menú **Formato de celda > Número**. Aplique, asimismo, los formatos que se muestran (combinar y centrar, alineación, etc.)

Porcentajes varones y mujeres		
	Individuos	**Porcentaje**
VARONES	85.000	*40%*
MUJERES	125.000	*60%*
TOTAL POBLACIÓN	**210.000**	100%

Modifique los datos: varones, 90.500; mujeres, 115.000 y compruebe que se recalculan los porcentajes y el total.

B   Aquí hemos de averiguar la tasa de actividad laboral, conociendo los datos (ver la tabla de abajo) y la fórmula:

$$\text{TASA DE ACTIVIDAD LABORAL} = \frac{\text{POBLACIÓN OCUPADA + POBLACIÓN PARADA}}{\text{POBLACIÓN EN EDAD LABORAL}} * 100$$

Aplique el estilo porcentual a la fórmula. Aplique también los formatos de número y texto que se muestran.

Tasa de actividad laboral	
Población ocupada	20.000.000
Población parada	3.000.000
Población en edad laboral	30.000.000
Tasa de actividad laboral	**76,67%**

2.9   Símbolo de porcentaje

Al **escribir** el **símbolo %** detrás de un número, éste **se divide por cien**, aunque la celda no lo muestre. Como se puede ver, ocurre lo contrario que con el estilo porcentual. En este caso, el número mostrado como porcentaje es un dato que introducimos, en el caso del estilo porcentual, es un formato que aplicamos a una fórmula.

Este símbolo es útil para extraer una cantidad correspondiente a un porcentaje. Por ejemplo, para saber a cuánto asciende el **21%** de IVA de un producto que nos cuesta 10.500 € simplemente multiplicaremos el importe por 21% (o mejor, por la celda que contiene el 21%).

PRÁCTICA

A   Calcule la cantidad correspondiente al IVA y el total con las fórmulas apropiadas. Consigne el tipo de IVA (21%) en su propia celda.

Compruebe que el resultado coincide con el mostrado en **negrita**.

Cálculo IVA y TOTAL		
IMPORTE NETO		10.500,00 €
IVA	21%	**2.205,00 €**
TOTAL		**12.705,00 €**

Modifique los datos del IVA y del importe y compruebe que se recalcula el resultado.

B   Conociendo la fórmula (**capital*rédito*tiempo)/100**, calcule el rendimiento mensual y final de un depósito a plazo fijo de **1.000.000** de euros a **18** meses cuyo interés real (rédito) es del **0,3%** mensual.

Escriba las fórmulas y compare el resultado obtenido con el mostrado (en negrita).

PLAZO FIJO		
INVERSIÓN		1.000.000 €
INTERÉS	0,30%	
MESES	18	
RENDIMIENTO MENSUAL		**3.000 €**
RENDIMIENTO FINAL		**54.000 €**

Modifique los datos del interés y de los meses y compruebe que se recalcula el resultado.

▶ MÓDULO 3

TEMAS

█ 3.1   Gráficos: elementos del gráfico, insertar · Gráfico de columnas

Al presentar de forma gráfica los datos de una hoja de cálculo conseguimos transmitir con mayor claridad y efectividad aquellos datos que son más relevantes. En este tema aprenderemos, paso a paso, la creación de **gráficos** a partir de los datos existentes en la hoja.

Los tipos de gráfico disponibles los tenemos en **Insertar > Gráficos**.

Pero, antes que nada, debemos conocer las distintas partes de un gráfico de *Excel*.

Elementos de los gráficos

Un gráfico consta de numerosos **elementos**. Algunos de ellos se presentan de forma predeterminada al crearlo y otros se pueden **agregar** según las necesidades.

Estos elementos se pueden **mover** dentro área del gráfico y cambiar su **tamaño** o su **formato**. También se pueden **eliminar** aquellos que no deseemos.

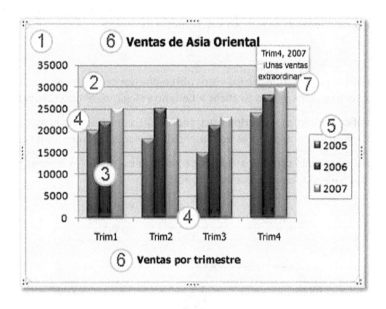

1   El **área del gráfico** (todo el gráfico).

2   El **área de trazado** (la zona donde aparecen las columnas, barras, líneas, círculos, etc.).

3   Un **punto de datos** o grupo de columnas que se trazan en el gráfico (en la imagen, Trim1, Trim2, Trim3 y Trim4).

4   Los **ejes horizontal** (eje de categorías o eje X) y **vertical** (eje de valores o eje Y).

5   La **leyenda** muestra el color de cada **serie de datos** (2005, 2006, 2007), es decir, cada columna de igual color.

6   El **título del gráfico** y los **títulos de los ejes**.

7   Las **etiquetas de datos** se usan para mostrar los detalles de los puntos de datos.

PRÁCTICA

A   Vayamos a la práctica. Elabore la siguiente tabla y **seleccione los datos y rótulos** que queremos representar gráficamente; en nuestro ejemplo, los partidos, las zonas y las cifras, es decir, **desde A3 hasta C6**.

	A	B	C
1	RESULTADOS ELECTORALES: ESCAÑOS		
2			
3		Norte	Sur
4	PARTIDO VERDE	50	35
5	PARTIDO ROSA	30	40
6	PARTIDO AMARILLO	15	28
7		95	103

> **NOTA:** Una correcta selección del rango es imprescindible para obtener el resultado deseado. **No debe haber filas y columnas en blanco** en una selección de celdas contiguas. En el caso de la selección de celdas no contiguas (pulsando **Ctrl**), los datos y rótulos relacionados han de estar en una misma fila o columna.

B   Ahora crearemos un gráfico que nos muestre los votos obtenidos por cada partido en cada una de las zonas. Para ello, dentro de la ficha **Insertar**, en el grupo **Gráficos > Columna** elegimos el tipo **Columna en 2D, agrupada**.

Una vez insertado el gráfico podremos **moverlo** arrastrando el área del gráfico o el marco que la rodea y **redimensionarlo** arrastrando los controladores de tamaño de las esquinas o centro de dicho marco.

Al redimensionar un gráfico pueden **cambiar automáticamente** la escala de los **valores** del eje vertical y los **rótulos** del eje horizontal para adaptarse al nuevo tamaño.

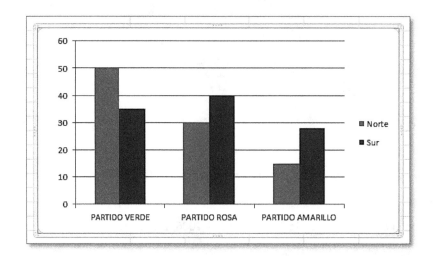

Compruebe que, al **modificar los datos** de la tabla, cambia el gráfico en consonancia.

3.2   Gráficos: modificar gráfico de columnas

Una vez sabemos insertar gráficos, veremos cómo **modificarlos** añadiendo, eliminado o cambiando sus elementos.

También contamos con gran variedad de estilos para conseguir un aspecto que sea de nuestro agrado. E, incluso, podremos cambiar el tipo de gráfico o el rango que habíamos seleccionado inicialmente para crearlo.

PRÁCTICA

A   Modificaremos el gráfico creado en la práctica anterior añadiendo el **Título del gráfico** (encima del gráfico) en **Herramientas de gráficos > Presentación > Etiquetas**.

Escribiremos *Resultados elecciones* directamente en el recuadro del título una vez lo hayamos insertado.

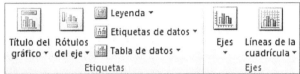

B   Agregaremos dos **Rótulos del eje**, *Partidos presentados* y *Número de escaños*, desde el mismo grupo de etiquetas:

Título de eje horizontal primario > Título bajo el eje y **Título de eje vertical primario > Título girado**.

Clicaremos en los rótulos para seleccionarlos y cambiar su formato **[Herramientas de gráficos > Formato]**. O bien, clicaremos **dentro** de ellos si queremos modificar su **contenido**.

> **NOTA:** Si cambiar el formato o el contenido no funciona correctamente, compruebe que esté seleccionado o que el cursor se encuentre dentro del rótulo.
>
> Tanto el **título** del gráfico como los **rótulos** de eje no se pueden redimensionar.

Si los arrastramos, **cambiaremos su posición** manualmente.

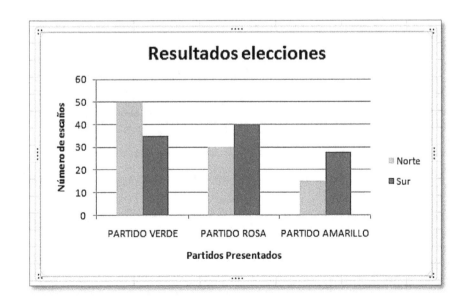

C Mediante **Herramientas de gráficos > Diseño** podremos modificar rápidamente el gráfico en sí (el tipo, disposición de los datos, el diseño, el estilo, etc.).

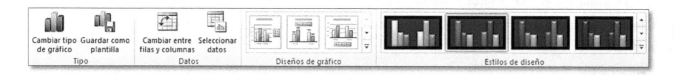

Pruebe a cambiar el estilo del gráfico con los **estilos de diseño** predefinidos.

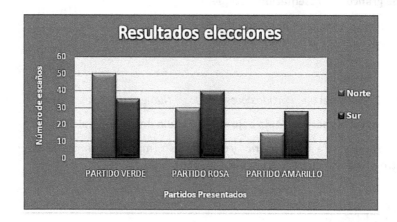

D En **Herramientas de gráficos > Formato** encontramos las opciones para modificar individualmente cada elemento del gráfico: el área de trazado, la del gráfico, los rótulos, …

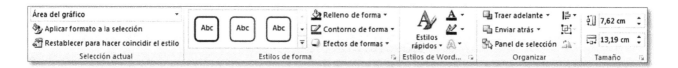

Para cambiar el **formato** de un elemento concreto hay que **seleccionarlo**, lo cual podemos hacer directamente clicando sobre él o desplegando la casilla **Elementos del gráfico** en el grupo **Selección actual**.

Una vez seleccionado accederemos a los grupos **Estilos de forma** y/o **Estilos de WordArt**.

Si necesitamos más opciones, elegiremos **Aplicar formato a la selección** (grupo **Selección actual**), o bien, con el **menú contextual > Formato de...**

Pruebe a cambiar el formato de algún elemento del gráfico. Siempre podrá recuperar el formato estándar clicando en **Selección actual > Restablecer para hacer coincidir el estilo**.

3.3 Gráficos: insertar y modificar gráfico circular

Los **gráficos circulares** son adecuados para representar el porcentaje que supone cada parte sobre un total, aunque este porcentaje no se haya calculado en la hoja. Aprenderemos sus particularidades este tema.

PRÁCTICA

A Crearemos en la misma hoja un **gráfico circular [Insertar > Gráficos > Circular]**.

En este tipo de gráficos solo puede ser representada **una serie**, es decir, los datos han de estar distribuidos, bien en columnas, bien en filas.

Queremos mostrar los porcentajes del total de escaños de la zona Norte y de la zona Sur. Así pues, seleccionaremos el rango **B3:C3** (los rótulos de las zonas) y, con **Ctrl** pulsado, seleccionaremos los totales de las zonas, **B7:C7**.

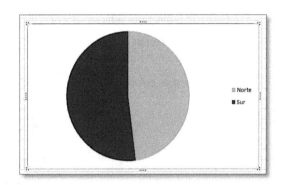

B Mediante **Herramientas de gráficos > Presentación > Etiquetas** añadiremos un **título**.

Desde aquí desactivaremos la **leyenda** y mostraremos el **porcentaje y las categorías** dentro de cada sección clicando en **Etiquetas de datos > Más opciones de la etiqueta de datos > Opciones de etiqueta**.

Aumentaremos la **fuente** y cambiaremos el **color** de las etiquetas de datos.

El gráfico debería quedar, aproximadamente, como sigue:

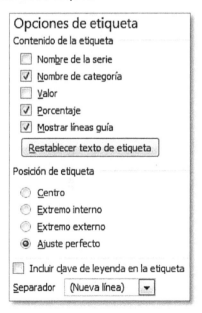

Aunque es mejor saber modificar el diseño para controlarlo y obtener el resultado deseado, también podemos acudir a la ficha **Diseño** y en **Diseños de gráfico** aplicar alguno que se ajuste a nuestras preferencias.

3.4   Gráficos: series de datos

Aquí continuamos practicando el extenso tema de los **gráficos** para comprobar cómo representar y cambiar las **series de datos** en los gráficos de columnas y circulares.

PRÁCTICA

A   Configure la tabla mostrada, calcule las cifras en negrita y aplique los formatos mostrados

Para obtener los totales rápidamente, seleccione los datos más las **celdas bajo y a la derecha** de los datos (B3:E7) antes de clicar en el botón de **Suma**.

Cree el gráfico de columnas, con las provincias como **series** de datos.

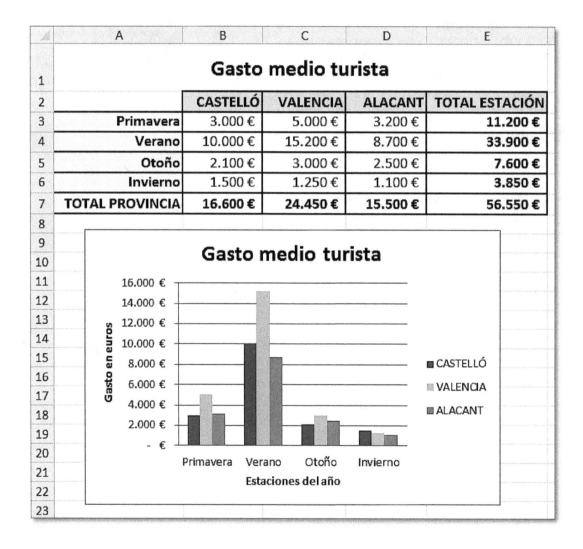

B Inserte un segundo gráfico igual que el primero (o copie el anterior) y modifíquelo para que las **series** sean las estaciones **[Herramientas de gráficos > Diseño > Datos > Cambiar entre filas y columnas]**. De unos formatos similares a los mostrados.

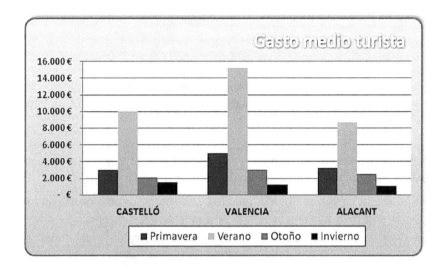

C Inserte dos gráficos circulares:

El primero ha de mostrar la serie de las provincias y sus totales como porcentaje. Cambie su diseño usando la ficha **Diseño > Diseños de gráfico**, y su estilo desde **Diseño > Estilos de diseño**.

El segundo ha de ser **gráfico circular en 3D** que muestre la serie de las estaciones y sus totales como porcentaje. Para separar una sección, clique en el círculo, clique en la sección y arrástrela. Modifíquelo según la muestra.

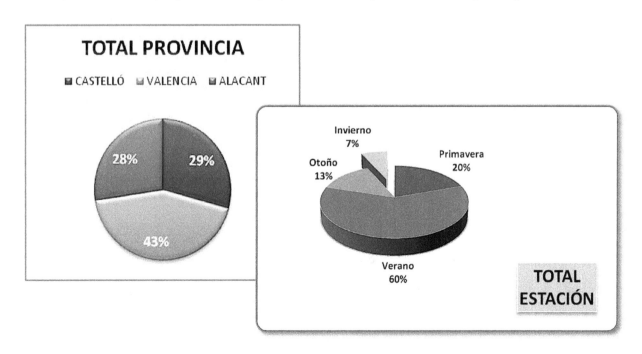

3.5   Configurar página: personalizar encabezado y pie · Imprimir

Retomamos la configuración de la página para aprender a **personalizar el encabezado** y el **pie de página** cuando necesitemos **imprimir** la hoja.

PRÁCTICA

A   Configure la página de la hoja del tema anterior **centrada horizontalmente**, con los márgenes y orientación que considere más convenientes para que ocupe **dos páginas [Diseño de página > menú Configurar página]**.

B   Mediante los botones de **personalizar encabezado** y **pie de página**, consiga que en el encabezado aparezca automáticamente el **nombre de la hoja** a la derecha.

En el pie de página ha de escribir **su nombre** a la izquierda e insertar el **número de página** a la derecha.

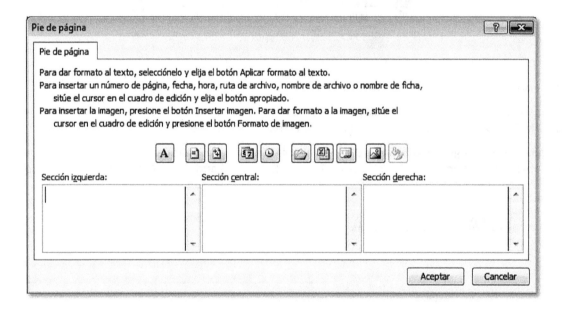

C   Compruebe en la **Vista previa de impresión** que se impriman los datos y gráficos correctamente en **dos páginas**.

Si se selecciona un gráfico, <u>solo se imprimirá el gráfico</u>.

D   Al acabar, **imprima la hoja** si lo considera necesario.

3.6   Cuadros de texto e imágenes: insertar, formato y propiedades

Los **cuadros de texto** nos permiten colocar un texto en cualquier parte de la hoja independiente de las celdas.

Las **imágenes** no tienen tanta relevancia en las hojas de cálculo como la tienen en un procesador de texto, no obstante, su inserción puede ser necesaria.

El trabajo con estos dos elementos gráficos es similar a *Word*, pero tienen ciertas particularidades que controlaremos mediante el **formato** y las **propiedades**.

PRÁCTICA

A   Configure la tabla del final aplicando los formatos mostrados e inserte fórmulas que calculen la columna TOTAL.

El título está en un **cuadro de texto**. Para insertarlo acuda a **Insertar > Texto > Cuadro de texto** y arrastre el puntero de la cruz para darle forma.

Una vez en la hoja arrastre los **controladores de tamaño** de las esquinas o del centro del recuadro para cambiar su tamaño.

El cuadro de texto tiene el **texto centrado vertical y horizontalmente** **[Inicio > Alineación]**.

En **Herramientas de dibujo > Formato** puede cambiar su estilo (contorno, relleno, sombra, ...)

Además, debe aplicarle el formato *No mover, ni cambiar tamaño con celdas* con el **menú contextual > Formato de forma > Propiedades**, o bien, **Herramientas de dibujo > Formato > menú Tamaño > Propiedades**.

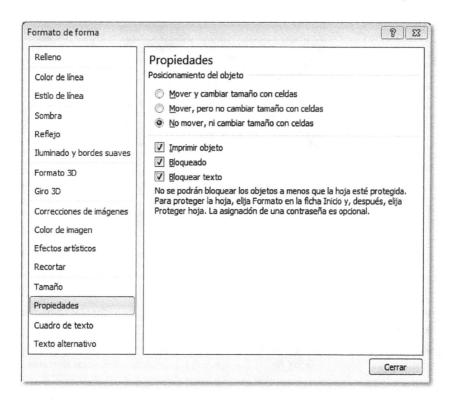

B   Inserte la **imagen, MapaEuropa.jpg**, que se encuentra en la carpeta **Archivos Excel 2010** desde **Insertar > Ilustraciones > Imagen**.

Acuda a **Herramientas de imagen > Formato** para cambiar su estilo.

Aplíquele también el formato *No mover, ni*

cambiar tamaño con celdas, con el **menú contextual > Formato de imagen > Propiedades**, tal como hicimos con el cuadro de texto.

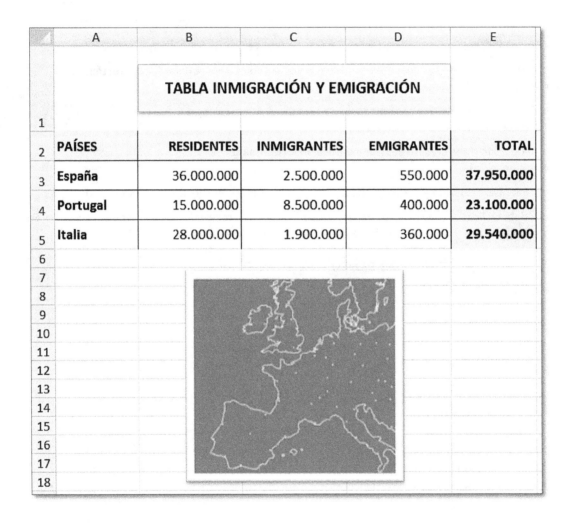

	A	B	C	D	E
1		TABLA INMIGRACIÓN Y EMIGRACIÓN			
2	PAÍSES	RESIDENTES	INMIGRANTES	EMIGRANTES	TOTAL
3	España	36.000.000	2.500.000	550.000	**37.950.000**
4	Portugal	15.000.000	8.500.000	400.000	**23.100.000**
5	Italia	28.000.000	1.900.000	360.000	**29.540.000**

NOTA: Las **imágenes** insertadas en las hojas tienen un comportamiento peculiar: si añadimos/eliminamos filas o columnas antes de la imagen, esta **se desplazará** en consonancia, hacia abajo o hacia arriba.

Otros **objetos gráficos**, además, **cambiarán automáticamente su tamaño** si cambiamos la altura o anchura de las filas o columnas sobre las que se encuentran situados. De ahí que sea muy conveniente conocer los formatos antes descritos.

3.7   Insertar formas · Imágenes prediseñadas · Revisión símbolo %

Otros elementos gráficos disponibles en las hojas de cálculo son las **formas**. En estos dibujos prediseñados podremos insertar texto si son formas cerradas, al igual que lo hacemos en los cuadros de texto.

Las **imágenes prediseñadas** nos las proporciona el programa o las busca en la web de Office.

Accederemos a estos elementos desde **Insertar > Ilustraciones**.

PRÁCTICA

A   Realice la factura de abajo teniendo en cuenta que el **descuento** se aplica sobre el precio neto y el **IVA** se aplica al subtotal. Introduzca la **fecha** mediante dígitos separados con barras y luego aplíquele el formato mostrado.

B   El membrete está dentro de una **Forma básica [Insertar > Ilustraciones > Formas]** con el **texto centrado** vertical y horizontalmente **[Inicio > Alineación]**.

Para escribir el texto en la forma, simplemente, teclee con la forma seleccionada.

C   Inserte la **imagen prediseñada** mostrada **[Insertar > Ilustraciones > Imágenes prediseñadas]**. Dentro del panel busque *diana*.

Cuando localice la imagen, **clique** en ella para insertarla.

Arrastre los **controladores de tamaño** de las esquinas para cambiar su tamaño proporcionalmente.

D   Por último, configure la **página** de la manera que le parezca más adecuada para imprimir la factura.

FACTURA		Número: 1254	
	Fecha:	**29 de abril de 2017**	
ARTÍCULO	*CANTIDAD*	*PRECIO*	*TOTAL*
Raquetas de tenis Nadal	25	70,00 €	**1.750,00 €**
Zapatillas Mike	50	55,00 €	**2.750,00 €**
Pelotas baloncesto Gasol	38	30,00 €	**1.140,00 €**
Bolas de golf Masters	10	150,00 €	**1.500,00 €**
	PRECIO NETO:		**7.140,00 €**
	DESCUENTO:	10%	**714,00 €**
	SUBTOTAL:		**6.426,00 €**
	IVA:	21%	**1.349,46 €**
	TOTAL:		**7.775,46 €**
Forma de pago: giro a 30 días			

▌3.8   Listas y series con el cuadro de llenado · Listas personalizadas

Hemos utilizado el **cuadro de llenado** para copiar fórmulas, sin embargo, tiene otras utilidades: crear **listas**, como los días de la semana, y crear **series** de números y fechas.

Las listas de los días de la semana y los meses están incorporadas en la aplicación, pero *Excel* nos permite crear nuestras propias **listas personalizadas**. Veremos aquí como hacerlo.

PRÁCTICA

A   Mediante el **cuadro de llenado** cree las **listas** y **series** que se muestran en la ilustración.

Los <u>datos en negrita son los de partida</u> y el resto ha de aparecer automáticamente al arrastrar el cuadro de llenado hacia la derecha o hacia abajo. Si los datos de partida están en dos celdas, habrá que <u>seleccionar ambas</u> antes de usar el cuadro de llenado.

	A	B	C	D	E	F	G
1	**LISTAS**						
2	**Días**						
3	**Lunes**	Martes	Miércoles	Jueves	Viernes	Sábado	Domingo
4	**Lun**	Mar	Mié	Jue	Vie	Sáb	Dom
5	**Meses**						
6	**Enero**	Febrero	Marzo	Abril	Mayo	Junio	Julio
7	**Ene**	Feb	Mar	Abr	May	Jun	Jul
8							
9	**SERIES**						
10	**Números**				**Texto y números**		
11	**1**	**0**	**1º**		**Trim 1**	**1er Trim**	**Zona 1**
12	**2**	**5**	2º		Trim 2	2do Trim	Zona 2
13	3	10	3º		Trim 3	3er Trim	Zona 3
14	4	15	4º		Trim 4	4to Trim	Zona 4
15	**Fechas**						
16	**01/01/2016**		**01/01/2016**				
17	**02/01/2016**		**01/02/2016**				
18	03/01/2016		01/03/2016				
19	04/01/2016		01/04/2016				

Nota: Para **evitar crear** una serie (o para **crear** una serie simple a partir de un solo dato numérico) hay que pulsar **Ctrl** mientras arrastramos el cuadro de llenado.

B   Cree las **listas personalizadas** de abajo accediendo a **Archivo > Opciones > Avanzadas > General > Modificar listas personalizadas**.

La primera lista de los días de la semana en alemán créela en la casilla **Entradas de lista** escribiendo cada entrada separada con una coma o con **Entrar** (Intro).

Pulse en **Agregar** al acabar y compruebe que funciona en la hoja.

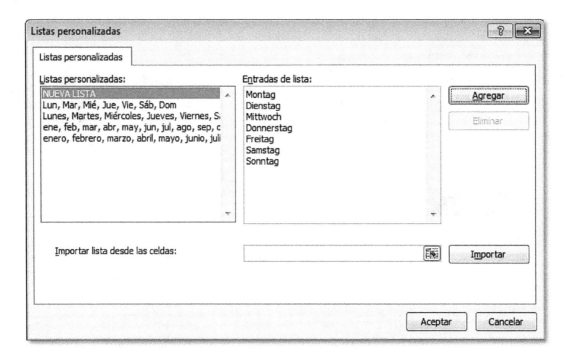

La segunda lista de los días en inglés escríbala en las **celdas de la hoja**, seleccione las celdas y acceda a modificar listas personalizadas.

Impórtela desde el menú y compruebe que funciona en la hoja.

21	LISTAS PERSONALIZADAS	
22	**Montag**	**Monday**
23	Dienstag	Tuesday
24	Mittwoch	Wednesday
25	Donnerstag	Thursday
26	Freitag	Friday
27	Samstag	Saturday
28	Sonntag	Sunday

3.9   WordArt

Con los efectos artísticos del **WordArt** conseguiremos títulos llamativos si nos interesa.

Practicaremos cómo trabajar con este tipo de objeto gráfico.

Práctica

A   En la hoja de la práctica anterior inserte filas en la parte superior para dejar espacio e inserte allí **un objeto WordArt** similar al de abajo **[Insertar > Texto > WordArt]**.

Una vez insertado, use el panel **Estilos de WordArt** en **Herramientas de dibujo > Formato** para cambiar su aspecto.

Cambie la fuente (Calibri, negrita) desde la ficha **Inicio**, seleccionando previamente el WordArt.

Para cambiar su **tamaño**, hágalo como con los otros objetos gráficos vistos anteriormente y para **enfatizar** la forma del WordArt arrastre el **rombo rosado**.

B   Inserte otro WordArt de su agrado debajo del anterior con el texto: *con el cuadro de llenado*.

Tenga en cuenta que **según la forma** que haya aplicado, el **tamaño de la fuente** cambiará automáticamente cuando hagamos más grande o más pequeño el WordArt, o bien, habrá que cambiar el tamaño de fuente como si se tratara de un texto en una celda.

▌3.10   Ocultar elementos de la hoja y de la ventana · Guardar como PDF

La cuadrícula que separa las celdas, los encabezados de columnas (A, B, C, ...) y filas (1, 2, 3, ...), la barra de fórmulas y la cinta de opciones son elementos esenciales para trabajar con el programa. No obstante, si nuestro propósito es mostrar la hoja en pantalla (por ejemplo, un presupuesto a un cliente) podemos **ocultar** estos **elementos** de la **hoja** y de la **ventana** de *Excel*.

Por otra parte, si vamos a distribuir una o más hojas, lo mejor es **guardarlas como PDF**, un formato de archivo estándar en cualquier sistema operativo.

PRÁCTICA

A   Oculte las **líneas de cuadrícula**, los **títulos** (encabezados) y **la barra de fórmulas** accediendo a **Vista > Mostrar**.

B   Compruebe cómo **minimizar** (ocultar) la cinta de opciones con el **botón ^** (también, con **doble clic en una pestaña** o **Ctrl+F1**).

C   Por último, **guarde la hoja como PDF** con el nombre **Listas y series en PDF** en la carpeta **Documentos** o en otra de su elección desde **Archivo > Guardar como > Tipo: PDF (*.pdf)** [o **Archivo > Guardar y enviar > Crear documento PDF/XPS**].

 Crear documento PDF/XPS

El **botón Opciones** en el cuadro de diálogo nos ofrece más posibilidades de publicación: todo el libro, hojas seleccionadas, etc.

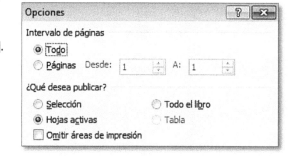

▶ MÓDULO 4

TEMAS

4.1 Funciones estadísticas =MIN(), =MAX(), =PROMEDIO() · Gráficos 3D

En este módulo 4 veremos un conjunto de funciones habituales, de las cuales, practicaremos en este tema 3 **funciones estadísticas: =MIN(), =MAX() y =PROMEDIO()**. También retomaremos la inserción de **gráficos**, en este caso en **3D**.

Primero, crearemos un libro nuevo con el nombre de **Prácticas de Excel 2.xlsx** para realizar las prácticas a partir de ahora, si no se indica lo contrario.

PRÁCTICA

A Escriba los datos mostrados y calcule el **total**. A partir de esos datos averigüe cual es la **peor** y la **mejor** venta mediante las funciones estadísticas **=MIN()** y **=MAX()**, respectivamente. Como argumentos deberán llevar el rango de celdas con los valores numéricos.

También hemos de averiguar la cantidad **media** por venta usando la función =**PROMEDIO()**.

> **NOTA:** Para saber más sobre las funciones estadísticas o de otro tipo y sobre su correcta sintaxis, consulte la **ayuda** del programa y fíjese, sobre todo, en los **ejemplos** mostrados en la ventana de la ayuda.

B Realice, asimismo, los **gráficos mostrados** (barras cilíndricas 3D y circular 3D) con unas características similares. Al acabar, oculte las **líneas de la cuadrícula**.

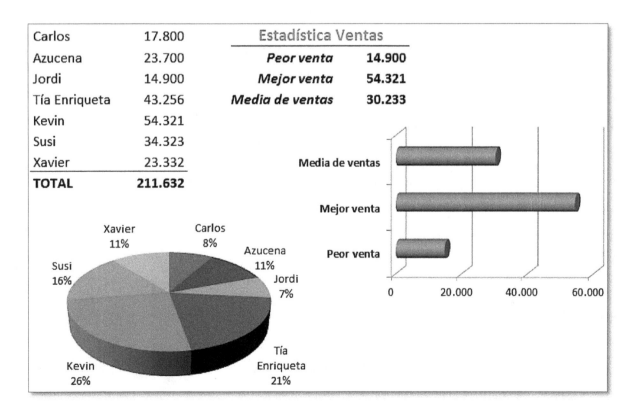

4.2   Referencias absolutas y mixtas · Gráficos: anillo y líneas

Al copiar una fórmula, las referencias que contiene se actualizan para que el resultado no varíe. Por ejemplo, si copiamos =C3*10 a la celda de **abajo**, cambiará a =C4*10; es decir, aumentará el número porque hemos pasado a la **fila** siguiente. Si la copiamos hacia la **derecha**, cambiará la letra porque hemos pasado a la **columna** siguiente: =**D**3*10

Esto es muy conveniente, ya que, de no hacerlo, deberíamos escribir las fórmulas una a una. Ahora bien, hay ocasiones en que una o más referencias han de permanecer constantes cuando copiamos la fórmula y entonces habremos de recurrir a las referencias **absolutas** o **mixtas**.

Como vemos en la tabla, estas referencias consisten en añadir el **símbolo del dólar $** para fijar la parte de la referencia que no queremos que se actualice al copiar (la letra, el número, o ambos).

REFERENCIA	EJEMPLO	AL COPIAR/MOVER
Relativa	**A7**	Cambia la letra y el número
Absoluta	**$A$7**	No cambia la **letra** ni el **número**
Mixta	**$C3**	No cambia la **letra**
Mixta	**C$3**	No cambia el **número**

NOTA: Si pulsamos la tecla **F4** con el cursor en la referencia cambiaremos automáticamente entre los tres tipos.

Practicaremos, además, en este tema la creación un gráfico de **anillo** y otro de **líneas**.

PRÁCTICA

A   Realice la tabla de abajo sobre producción de energía. Utilice **referencias absolutas** (ej. $C$4) o **mixtas** (ej. C$4) en las fórmulas del porcentaje, de manera que al copiarlas con el **cuadro de llenado** den los resultados correctos.

Al acabar inserte un **gráfico de anillo** que muestre los tipos de energía y los megavatios (MW) con sus porcentajes correspondientes. Para hacer el gráfico <u>seleccione Tipo energía y MW</u> (no el porcentaje).

Por último, configure la página para que aparezca **centrada** tanto **horizontal** como **verticalmente**.

Producción energía eléctrica

Tipo energía	MW	Porcentaje
Solar	150	**29%**
Eólica	120	**23%**
Hidráulica	160	**30%**
Térmica	95	**18%**
Total producción	**525**	

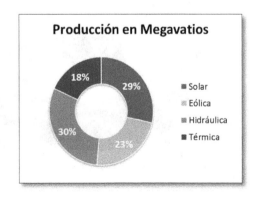

B   En otra hoja confeccione la siguiente tabla. Recuerde que debe calcular todas las cifras en **negrita**.

Use el **cuadro de llenado** para crear series (TRIM.1) y para copiar fórmulas.

Introduzca **referencias absolutas** o **mixtas**, donde sea necesario.

Aplique el **estilo porcentual** en las fórmulas cuyos resultados lo requieran.

Realice un **gráfico de líneas** que muestre las ÁREAS como series (leyenda) y los trimestres como categorías en el eje horizontal (no incluya los totales).

NUEVAS LÍNEAS MÓVILES POR TRIMESTRES Y ÁREAS

	NORTE	SUR	ESTE	OESTE	CENTRO	TOTAL	% TRIM
TRIM.1	105	350	295	450	505	**1.705**	*35,01%*
TRIM.2	95	195	215	310	350	**1.165**	*23,92%*
TRIM.3	60	100	170	195	210	**735**	*15,09%*
TRIM.4	120	205	190	340	410	**1.265**	*25,98%*
AÑO	**380**	**850**	**870**	**1.295**	**1.475**	**4.870**	
% ZONA:	*7,80%*	*17,45%*	*17,86%*	*26,59%*	*30,29%*		*100,00%*

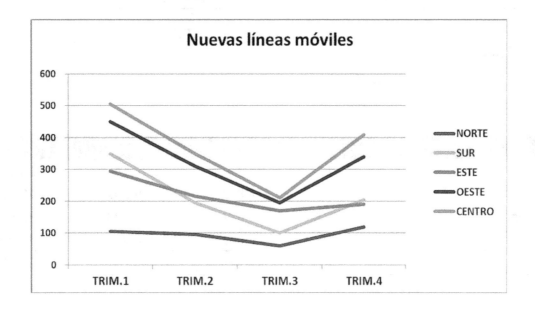

4.3 　Función de búsqueda y referencia: =FILAS()

Este tema, además de introducir la función de **búsqueda y referencia =FILAS()**, nos servirá para repasar el uso del **símbolo %** y los **gráficos**. Seguiremos trabajando con **referencias absolutas** y **mixtas**.

PRÁCTICA

A　En el supuesto de abajo, las subvenciones de la Comunidad Europea se reparten de forma lineal (un importe fijo igual para todos) y de forma proporcional, según la producción hortícola (a más producción, más dinero).

Sabemos que la PARTE LINEAL es un **20% del total de la subvención** y la PARTE PROPORCIONAL, el resto.

Los <u>únicos datos</u> en la hoja son el **total de la subvención** (10.456.621) y las **toneladas producidas** por cada país (110, 45, 30, 94), el resto hay que calcularlo con las fórmulas apropiadas.

El **total de países** se debe calcular con la función de búsqueda y referencia **=FILAS()**, que nos da el número de filas del rango que pongamos entre los paréntesis, por ejemplo, =FILAS(A8:A11), =FILAS(8:11). Si añadimos o eliminamos filas de ese rango, el número que nos da la función variará en consecuencia.

Al copiar las fórmulas con el cuadro de llenado hay que utilizar referencias **absolutas** o **mixtas**.

Subvenciones Comunidad Europea

	Euros	Total Países
TOTAL SUBVENCIÓN	10.456.621	**4**
PARTE LINEAL	**2.091.324**	
PARTE PROPORCIONAL	**8.365.297**	

Países	Toneladas	Lineal	Proporcional	Total
España	110	**522.831**	**3.298.146**	**3.820.977**
Italia	45	**522.831**	**1.349.241**	**1.872.072**
Portugal	30	**522.831**	**899.494**	**1.422.325**
Grecia	94	**522.831**	**2.818.415**	**3.341.246**
TOTAL	**279**	**2.091.324**	**8.365.297**	**10.456.621**

B　Por último, cree **dos gráficos** a partir de las indicaciones de abajo. Elija los tipos, los elementos (títulos, rótulos, leyendas, etc.) y los formatos que considere mejores para expresar gráficamente los datos.

- Un gráfico de **anillo** que muestre el porcentaje de la **parte proporcional** que corresponde a cada país.

- Un gráfico **circular** que muestre el porcentaje del **total** de la subvención que corresponde a cada país.

4.4   Dar nombre a celdas

Al **dar nombre a celdas** individuales o rangos de celdas es más sencillo realizar fórmulas complejas y puede sustituir el uso de referencias absolutas o mixtas. Una vez dado el nombre, lo escribiremos en las fórmulas en lugar de la referencia a la celda.

Por ejemplo, si en la hoja de abajo asignamos el nombre **Precio** a la celda **A2** y el nombre **Descuento** a la celda **B2**, la fórmula del total del importe descontado, =A2*B2, podría cambiarse por =Precio*Descuento.

C2	▼	*fx*	=A2*B2
	A	B	C
1	PRECIO	DTO	TOTAL
2	1000	20%	200

C2	▼	*fx*	=Precio*Descuento	
	A	B	C	D
1	PRECIO	DTO	TOTAL	
2	1000	20%	200	

Todas las operaciones referentes a los nombres las controlaremos en **Fórmulas > Nombres Definidos**.

En las prácticas siguientes veremos los procedimientos para asignar y gestionar los nombres de celdas.

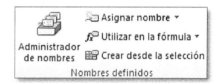

PRÁCTICA

A   En el supuesto mostrado, a partir del precio de compra y de los porcentajes de gastos y margen de beneficio, hemos de calcular los importes que corresponden a los gastos, al beneficio y el precio de venta.

En una hoja nueva, a la que daremos el nombre de **Nombres celdas**, confeccionaremos la tabla excepto las columnas con fórmulas, las cuales escribiremos a medida que vayamos asignando nombres a los rangos de celdas.

	A	B	C	D	E
1				Porcentaje Gastos	Margen Beneficio
2				2%	7%
3					
4	Código	Precio Compra	Gastos	Beneficio	Precio Venta
5	HP0234	1.200,78 €	24,02 €	84,05 €	1.308,85 €
6	EP0654	3.874,00 €	77,48 €	271,18 €	4.222,66 €
7	AP0942	5.678,50 €	113,57 €	397,50 €	6.189,57 €
8	MS0098	890,67 €	17,81 €	62,35 €	970,83 €
9	MS0117	4.874,00 €	97,48 €	341,18 €	5.312,66 €

B Comenzaremos dando un nombre a la celda **D2**, que contiene el porcentaje que corresponde al gasto. Para ello nos colocaremos en dicha celda y del **menú contextual** elegiremos **Definir > Nombre**. O bien, **Fórmulas > Nombres Definidos > Asignar nombre**.

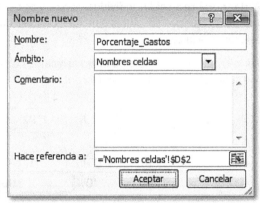

Excel nos propone un nombre, **Porcentaje_Gastos**, ya que tenemos un encabezado para ese dato. Podemos cambiarlo si queremos, pero en esta práctica, dejaremos el propuesto.

El **Ámbito** lo restringiremos a la hoja donde realizamos la práctica, en este ejemplo, **Nombres celdas**. Al hacerlo así, se podrá usar el mismo nombre en otra hoja del libro.

Si el ámbito lo dejamos en **Libro**, siempre que usemos el nombre en alguna fórmula, se referirá al dato de D2 de la hoja **Nombres celdas** y no podremos usar el mismo nombre en otra hoja del libro. Así pues, el ámbito lo estableceremos según necesitemos hacer cálculos en una o más hojas.

Una vez creado el nombre al pulsar **Aceptar**, podremos modificarlo (excepto el ámbito) o eliminarlo desde **Fórmulas > Nombres Definidos > Administrador de nombres**.

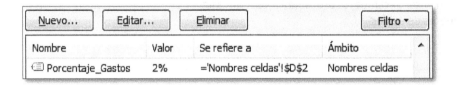

C Repetiremos el proceso con la celda **E2**, eligiendo el nombre propuesto **Margen_Beneficio**.

Para dar el nombre a la columna **Precio Compra**, seleccionaremos las celdas que contienen los datos, **B5:B9**.

Veremos que en el **cuadro de nombres** aparecen los nombres dados. De hecho, podríamos asignar nombres escribiéndolos directamente en ese cuadro, pero no podríamos cambiar el ámbito, que sería el predeterminado.

D Ahora, asignaremos nombres a las columnas **Gastos** y **Beneficio**, pero lo haremos de forma distinta: seleccionaremos sus **encabezados junto con el rango** y acudiremos a **Fórmulas > Nombres Definidos > Crear desde la selección** donde indicaremos que recoja los nombres de la fila superior.

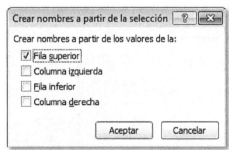

E Por último, solo nos queda introducir las fórmulas con los nombres, en lugar de referencias, y copiarlas. Para ello, escribiremos los nombres tras el signo igual o bien los elegiremos de **Fórmulas > Nombres Definidos > Utilizar en la fórmula**. Hemos de tener en cuenta que la columna **Gastos** es el 2% del precio de compra, **Beneficio** es el 7% del precio de compra y **Precio Venta** es el precio de compra más los gastos y el beneficio.

4.5   Configurar impresión: líneas de la cuadrícula, área de impresión · Vista Diseño de página

Si no queremos molestarnos en aplicar bordes, pero queremos que se impriman podemos activar la opción de **imprimir las líneas de la cuadrícula**.

Otra opción interesante es poder imprimir por defecto una parte determinada de la hoja, un rango de celdas concreto, estableciendo un **área de impresión**.

Presentaremos en este tema la **Vista Diseño de página**, que muestra la hoja dividida en páginas con el encabezado y el pie visibles y accesibles directamente.

PRÁCTICA

A   Realice la tabla de abajo con las fuentes Arial 10 y Arial Black 14. Hay que calcular la columna **Total Comisión** y aplicar los formatos de celda mostrados. Dele el nombre **Comisiones 1er Sem** a la hoja.

Para el texto en D3, E3 y F3 puede usar el formato **ajustar texto** o bien, pulsar **Alt+Entrar** para introducir un salto de línea en la celda.

	A	B	C	D	E	F
1	**Liquidación de comisiones 1er Semestre**					
2						
3	**Nombre**	**Apellidos**	**Zona**	**Ventas netas**	**% Comisión**	**Total Comisión**
4	Rodrigo	Rodríguez	Madrid	8.562.000	3,0%	**256.860**
5	Amelia	Otero	Castellón	674.000	19,5%	**131.430**
6	Felisa	Coste	Tarragona	4.191.000	18,0%	**754.380**
7	Arturo	Artero	Salamanca	1.790.000	19,0%	**340.100**
8	Elena	Morado	La Coruña	8.406.000	15,0%	**1.260.900**
9	Leonardo	Flores	Vigo	8.423.000	3,0%	**252.690**
10					**Total**	**2.996.360**

B   Desde **Diseño de página** y el menú **Configurar página** configure la página de la hoja de la siguiente manera:

- **Márgenes:** Superior e inferior **2,5**; Izquierdo y derecho **1,5**; Encabezado, Pie de página **1,5**.
- Orientación **Vertical.** Centrada en la página **Horizontal** y **Verticalmente**.
- Active la **impresión** de las **líneas de división**.

Acceda a **Vista previa de impresión** y **active los márgenes** en la vista para observar mejor el cambio.

C　Insertaremos el encabezado y pie de página desde la **Vista > Vistas de libro > Diseño de página**.

Habrá que clicar en la zona del encabezado/pie de página y <u>pulsar los botones correspondientes</u> en **Herramientas para encabezado y pie página > Diseño**.

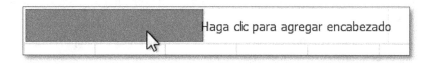

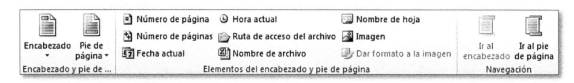

- Estableceremos el **nombre de la hoja** como encabezado en la sección izquierda y la **fecha de impresión** en la sección derecha **[Elementos del encabezado y pie de página]**.

- Estableceremos el **número de página** precedido del texto "Página" como pie de página en la sección central **[Elementos del encabezado y pie de página]**.

- La fuente para el encabezado y el pie debe ser Arial 9 negrita.

- Compruebe en la **Vista previa de impresión** que la hoja consta de **1 página**.

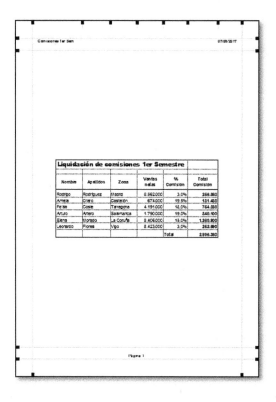

D   Establezca un **área de impresión** desde la celda **A3** hasta la celda **D9**: seleccione el rango y active **Diseño de página > Configurar página > Área de impresión > Establecer área de impresión**.

Desactive la impresión de las **líneas de cuadrícula** [menú **Configurar página** o ficha **Diseño de página > Opciones de la hoja > Líneas de la cuadrícula**].

Desactive también el centrado **vertical** e imprima la hoja (o pase a **Vista previa de impresión** para ver el resultado).

Por último, **borre** el área de impresión establecida.

Comisiones 1er Sem			07/08/2017
Nombre	**Apellidos**	**Zona**	**Ventas netas**
Rodrigo	Rodríguez	Madrid	8.562.000
Amelia	Otero	Castellón	674.000
Felisa	Coste	Tarragona	4.191.000
Arturo	Artero	Salamanca	1.790.000
Elena	Morado	La Coruña	8.406.000
Leonardo	Flores	Vigo	8.423.000

NOTA: El área de impresión queda fijada en la hoja hasta que se borra. Alternativamente, podemos elegir qué parte de la hoja imprimir seleccionando el rango y, al dar la orden de imprimir, marcar **Selección** en el cuadro de diálogo.

4.6 Funciones: lógicas =SI(), estadísticas =PROMEDIO() · Gráficos: modificar eje

Mediante la **función lógica =SI()** comprobamos si el contenido de una celda cumple una determinada **condición**. Según cumpla o no cumpla esa condición, haremos que aparezca un valor u otro en la celda que contiene la función. Ese valor puede ser numérico, una fórmula o un texto. Veamos un ejemplo:

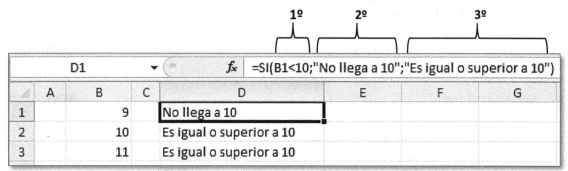

La función consta de **3 argumentos** separados con punto y coma (;):

1er argumento - **prueba lógica** que evalúa el contenido de B1 para ver si es menor que 10

2do argumento - valor que queremos mostrar si el resultado de la prueba lógica es **verdadero**: "No llega a 10"

3er argumento - valor que queremos mostrar si el resultado de la prueba lógica es **falso**: "Es igual o superior a 10"

> **NOTA:** El texto que queremos que aparezca en la celda irá siempre entre comillas cuando esté dentro de una función.

En las funciones lógicas usaremos los **operadores de comparación**.

Teniendo en cuenta el significado de estos operadores, la función anterior daría el mismo resultado reformulada como:

=SI(B1>=10; "Es igual o superior a 10"; "No llega a 10"). Veamos un par de ejemplos más:

OPERADOR	SIGNIFICADO
=	Igual a
>	Mayor que
<	Menor que
>=	Mayor o igual que
<=	Menor o igual que
<>	Distinto de

	D1	▼	f_x	=SI(B1>=5;B1+1;B1-1)	
	A	B	C	D	E	F
1		5		6	
2		6		7	
3		4		3	

	D1	▼	f_x	=SI(B1="X";"Pone X";"No pone X")	
	A	B	C	D	E	F
1		X		Pone X	
2		Y		No pone X	
3		Z		No pone X	

PRÁCTICA

A   Calcularemos la **nota final** hallando la **media** de los tres exámenes de tres alumnos mediante la función estadística =**PROMEDIO()**.

Seguidamente, usaremos la función lógica =**SI()** para obtener la **calificación**, teniendo en cuenta que se suspenderá si la nota final es **menor que 5**.

B   Crearemos un gráfico de columnas en el que habrá que **modificar** la escala del eje de valores y su formato de número para que coincida con el mostrado.

Para ello, seleccione el eje y acceda al **menú contextual > Dar formato a eje > Opciones del eje / Número**.

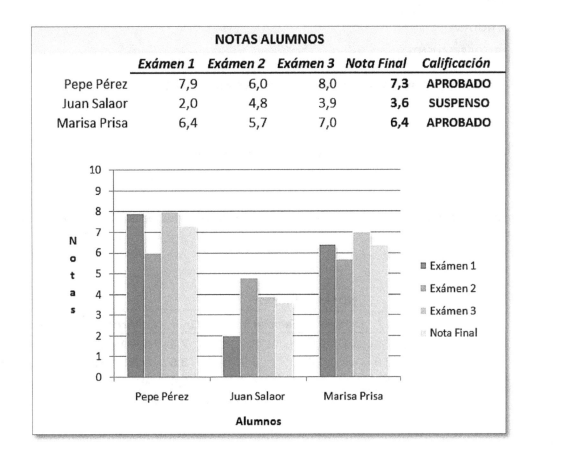

Opciones del eje				
Mínima:	◉ Automático	○ Fija	0,0	
Máxima:	○ Automática	◉ Fija	10,0	

Número

Categoría:	Posiciones decimales:	0
General	☐ Usar separador de miles (.)	
Número		

NOTAS ALUMNOS

	Exámen 1	Exámen 2	Exámen 3	Nota Final	Calificación
Pepe Pérez	7,9	6,0	8,0	**7,3**	**APROBADO**
Juan Salaor	2,0	4,8	3,9	**3,6**	**SUSPENSO**
Marisa Prisa	6,4	5,7	7,0	**6,4**	**APROBADO**

4.7   =SI() anidado

Al introducir una función =SI() dentro de otra función =SI(), podemos evaluar más de un valor.

Este **=SI() anidado** lo colocaremos como 3er argumento, y plantearemos allí otra prueba lógica.

Anidaremos tantas funciones como valores queramos comparar.

PRÁCTICA

A   En la misma hoja de la práctica anterior inserte una nueva columna: ***Calificación exacta*** y utilice la función **=SI()** para que cambie el texto de la calificación exacta según la **Nota Final** obtenida.

El baremo y el texto será:

Menor que 5: INSUFICIENTE

5: SUFICIENTE

6: BIEN

7 - 8: NOTABLE

9 - 10: SOBRESALIENTE

Tendrá que **anidar funciones** =SI() sucesivas para comparar la nota con los valores del baremo.

La función empezaría, por ejemplo, así

=SI(Nota Final<5;"INSUFICIENTE"**;SI(**Nota Final<6;"SUFICIENTE"**;SI(** … … … **)))**

Nota Final se refiere a la **celda** que contiene la nota final.

Fíjese que hay que abrir un paréntesis con cada SI, pero hay que **cerrarlos** todos **al final**, tantos paréntesis como SI hayamos puesto.

	A	B	C	D	E	F	G
1			NOTAS ALUMNOS				
2		*Exámen 1*	*Exámen 2*	*Exámen 3*	*Nota Final*	*Calificación*	*Calificación exacta*
3	Pepe Pérez	7,9	6,0	8,0	**7,3**	**APROBADO**	**NOTABLE**
4	Juan Salaor	2,0	4,8	3,9	**3,6**	**SUSPENSO**	**INSUFICIENTE**
5	Marisa Prisa	6,4	5,7	7,0	**6,4**	**APROBADO**	**BIEN**

4.8   Función =SI() con fórmulas en argumentos · Comentarios

Ahora introduciremos cálculos en lugar de texto en los argumentos de la función lógica **=SI()** para poder elegir entre dos **fórmulas** diferentes, según sea el valor evaluado.

Por otro lado, veremos cómo insertar **comentarios** en celdas que sirvan de ayuda a la persona que utilice la hoja. Estos comentarios aparecerán al colocar el puntero sobre las celdas que los contengan.

Nuevo
comentario

PRÁCTICA

A   Queremos aplicar un **descuento del 10%** a aquellos pedidos cuya cantidad **exceda las 4 unidades.**

Mediante la función **=SI()** hemos de conseguir que se aplique el descuento correcto en la columna **Importe**. Por tanto, en los argumentos de la función tendremos que escribir una fórmula que refleje el descuento y otra sin él.

Luego, calcularemos el TOTAL SIN IVA, el IVA y el TOTAL CON IVA, según los productos elegidos.

	A	B	C	D
1	PEDIDOS SOFTWARE			
2			**Descuento**	10%
3		**Precio**	**Cantidad**	**Importe**
4	Microsoft Office	480,25 €	8	**3.457,80 €**
5	Microsoft Office Mac	375,00 €		**- €**
6	Adobe Creative Suite	1.200,00 €	4	**4.800,00 €**
7	Apple Final Cut Pro	329,00 €		**- €**
8	Ubuntu Linux	6,00 €	20	**108,00 €**
9	OpenOffice	6,00 €	3	**18,00 €**
10	COSTE TOTAL SIN IVA			**8.383,80 €**
11	IVA		21%	**1.760,60 €**
12	COSTE TOTAL CON IVA			**10.144,40 €**

B   Mediante el menú contextual o **Revisar > Comentarios** insertaremos **un comentario** en **C3** que muestre *"Solo si la cantidad excede las 4 unidades se aplicará el descuento"* cuando se coloque el puntero encima de esa celda.

Para **modificar** o **eliminar el comentario**, clicaremos en la celda que lo contiene y volveremos a **Revisar > Comentarios**.

	Precio	Cantidad	Importe	
		Descuento	10%	Solo si la cantidad excede las 4 unidades se aplicará el descuento
	Precio	**Cantidad**	**Importe**	
Microsoft Office	480,25 €	8	3.457,80 €	
Microsoft Office Mac	375,00 €		- €	

4.9   Función de búsqueda y referencia =BUSCARV() · Insertar función

La función de **búsqueda y referencia =BUSCARV()** nos permite obtener un valor determinado buscándolo en una lista (rango de celdas) de intervalos previamente configurada. Veremos su correcta sintaxis en este tema e introduciremos el cuadro de diálogo de **insertar función**, que será de utilidad en funciones complejas.

PRÁCTICA

A   Configure la hoja mostrada abajo excepto las columnas % RETENCIÓN, TOTAL RETENCIÓN y SUELDO LÍQUIDO.

Mediante la función **=BUSCARV()** hemos de obtener el porcentaje de retención según el sueldo del empleado.

Introdúzcala en **C4** desde **Fórmulas > Insertar función** (o el botón *fx* de la **barra de fórmulas**). Puede buscarla en la categoría de **Búsqueda y referencia**.

En el cuadro de diálogo introduciremos los argumentos:

En **Valor_buscado** la **celda** con el sueldo base del primer empleado, **B4**.

En **Matriz_buscar_en** el **rango de celdas** con la correspondencia entre sueldo y retención **$A$14:$B$18**.

En **Indicador_columnas** el **número de columna** que contiene el dato que queremos buscar, en nuestro caso, el **2**.

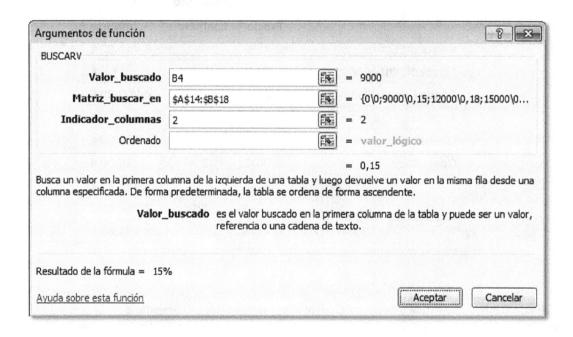

Fíjese cómo van apareciendo los valores a medida que los introduce y cómo se puede comprobar el resultado de la función (abajo, a la izquierda) antes de clicar en **Aceptar** para insertarla.

B   Ahora, **copie** la función al resto de celdas y elabore las fórmulas para TOTAL RETENCIÓN y SUELDO LÍQUIDO.

	A	B	C	D	E
1	CÁLCULO DE LA RETENCIÓN DEL IRPF				
2					
3	EMPLEADO	SUELDO BASE	% RETENCIÓN	TOTAL RETENCIÓN	SUELDO LÍQUIDO
4	González, Juan	9.000,00 €	15%	1.350,00 €	7.650,00 €
5	Servet, Miguel	15.500,00 €	20%	3.100,00 €	12.400,00 €
6	Prisa, Marisa	12.100,00 €	18%	2.178,00 €	9.922,00 €
7	Castelló, Susana	8.900,00 €	0%	0,00 €	8.900,00 €
8	García, José	10.520,00 €	15%	1.578,00 €	8.942,00 €
9	Ferrer, Vicente	7.000,00 €	0%	0,00 €	7.000,00 €
10	Picapiedra, Pedro	12.600,00 €	18%	2.268,00 €	10.332,00 €
11	Barceló, Miguel	18.030,00 €	22%	3.966,60 €	14.063,40 €
12					
13	SUELDO BASE	% RETENCIÓN			
14	0,00 €	0%			
15	9.000,00 €	15%			
16	12.000,00 €	18%			
17	15.000,00 €	20%			
18	17.000,00 €	22%			

4.10   Funciones financieras =PAGO() y =NPER()

Siguiendo nuestro "tour" de las funciones, le toca el turno a las financieras, de las cuales aprenderemos **=PAGO()** y **=NPER()** a partir de los problemas propuestos.

La primera calcula el **importe mensual** a pagar de un préstamo, dado el capital financiado, la tasa anual de interés y el plazo. La segunda, el **número de pagos** a realizar dado el capital financiado, la tasa anual de interés y el pago mensual.

PRÁCTICA

A   Hemos decidido pedir un préstamo para adquirir una máquina de realidad virtual que también hace fotocopias y chocolate con churros. Cuesta **285.000 €** y la pagaremos en **5 años** con una tasa de interés anual del **10%**.

Tenemos que calcular el importe del **pago mensual,** para lo cual escribiremos **los datos mencionados** (tasa, plazo y capital) en las celdas correspondientes.

Luego, mediante la ficha **Fórmulas > Insertar función** o el botón fx **de la barra de fórmulas** buscaremos la función **financiera =PAGO().**

En las casillas de los argumentos consignaremos los datos: en **Tasa**, la celda donde está la tasa; en **Nper**, el plazo y en **Va**, el capital. Habrá que modificar dos de estos datos en las mismas casillas del asistente (ver nota).

Tasa de interés	10%
Plazo	5
Capital	285.000 €
PAGO MENSUAL	**-6.055,41 €**

NOTA: En el cuadro de dialogo de insertar función podemos clicar en la celda para introducir la referencia. Recuerde que la **tasa** es por periodo (en este caso, anual), sin embargo, el **pago** ha de ser mensual.

Los dos parámetros *Valor futuro* y *Tipo* son opcionales y no los hemos utilizado.

B   El presupuesto estaba equivocado y su precio real es **2.850.000 €.** Como solo podemos pagar **70.000 €** mensuales queremos saber **cuántos pagos** hemos de realizar, es decir, la vida del préstamo.

Calcúlelos mediante **insertar función** y buscando la **función =NPER().**

La tasa es la misma, 10%. Recuerde que el pago es un gasto y se ha de consignar en negativo.

Tasa de interés	10%
Pago	70.000 €
Capital	2.850.000 €
PAGOS A REALIZAR	**50**

4.11   Fórmulas con fechas y horas

Ya vimos, al introducir las funciones, que se puede operar con fechas. Así, pues, dedicaremos este tema a aprender las posibilidades de las **fórmulas con fechas y horas**, resolviendo dos supuestos prácticos.

Práctica

A   Calcule la fecha de presentación de los cuatro informes **quincenales** a partir de la **fecha de inicio** del proyecto: sume 15 a la fecha inicial para el 1er informe y, luego, súmelo a las fechas sucesivas.

Fecha inicio	Informes quincenales	Fecha presentación
12-julio-2017	1er Informe	**27-julio-2017**
	2do Informe	**11-agosto-2017**
	3er Informe	**26-agosto-2017**
	4to Informe	**12-septiembre-2017**

B   Calcule la paga semanal de un trabajador introduciendo el precio de la hora, la hora de entrada y la hora de salida.

Las horas de entrada y salida hay que introducirlas como fecha y hora, por ejemplo, 16/10/17 09:00.

El **total de las horas** trabajadas es la diferencia entre la hora de entrada y la hora de salida con **formato de hora**.

Las **horas en número** es el resultado de **multiplicar** el **total de las horas** por **24**.

					Precio hora
					35,00 €

Día	Hora entrada	Hora salida	Total horas	Horas en número	Paga
Lunes M	*16/10/17 09:00*	*16/10/17 12:00*	3:00	3,00	105,00 €
Lunes T	*16/10/17 15:00*	*16/10/17 19:00*	4:00	4,00	140,00 €
Martes M	*17/10/17 08:45*	*17/10/17 13:15*	4:30	4,50	157,50 €
Martes T	*17/10/17 15:30*	*17/10/17 21:15*	5:45	5,75	201,25 €
Miércoles M			0:00	0,00	0,00 €
Miércoles T	*18/10/17 15:25*	*18/10/17 20:40*	5:15	5,25	183,75 €
Jueves M	*19/10/17 08:20*	*19/10/17 13:05*	4:45	4,75	166,25 €
Jueves T			0:00	0,00	0,00 €
Viernes M	*20/10/17 09:30*	*20/10/17 14:00*	4:30	4,50	157,50 €
Viernes T			0:00	0,00	0.00 €
				TOTAL SEMANA:	1.111,25 €

4.12   Función de texto =CONCATENAR() · Operador & · Pegado especial: Valores y Trasponer

Las funciones de texto tal vez no tengan tanta relevancia en un entorno de cálculo, pero al menos deberíamos conocer **=CONCATENAR()** y el **operador** de texto **&**, por si alguna vez nos son de utilidad. =CONCATENAR(A2;B2) equivale a =A2&B2, es decir, unir el contenido de la celda A2 al de la celda B2.

El **menú** del botón **Pegar** nos ofrece varias opciones al pegar las celdas copiadas. Por ejemplo, nos permite pegar los **valores** que arrojan las fórmulas copiadas, en lugar de las fórmulas en sí mismas.

También conseguimos **trasponer** un rango de celdas copiado, es decir, si los datos estaban dispuestos en una fila, quedarán dispuestos en una columna y viceversa.

El cuadro de diálogo **Pegado especial** nos amplía las opciones.

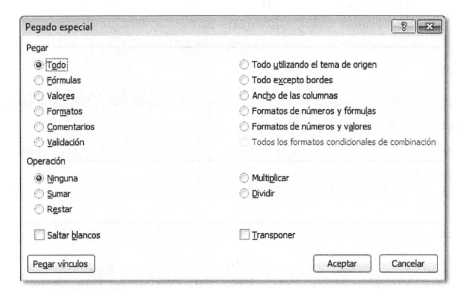

PRÁCTICA

A   Mediante la función **=CONCATENAR()** o el operador de texto **&**, consiga que el nombre y el apellido aparezcan juntos y por ese orden en la tercera columna. Recuerde que el espacio también es un carácter e irá entre comillas.

Apellido	Nombre	Nombre y Apellido
Picasso	Pablo	**Pablo Picasso**
Shakespeare	William	**William Shakespeare**
Herrera	Lola	**Lola Herrera**
Grandes	Almudena	**Almudena Grandes**
Bowie	David	**David Bowie**

B   A continuación, queremos que desaparezcan las dos primeras columnas y que quede **solamente la tercera**. Pero no podemos eliminarlas porque contienen los datos. ¿Qué podemos hacer?

La solución vendrá de las opciones dentro del menú del botón **Pegar**. Copiaremos la tercera columna y al pegarla al lado usaremos la opción **Pegar valores**. Luego, podremos eliminar las tres primeras columnas sin peligro de perder los datos.

Nombre y Apellido
Pablo Picasso
William Shakespeare
Lola Herrera
Almudena Grandes
David Bowie

C   Escriba las profesiones de las personas anteriores en **una fila** debajo de la lista:

Pintor	Dramaturgo	Actriz	Novelista	Músico

El problema, ahora, es que deberían estar en la columna de al lado. Para arreglarlo acudiremos de nuevo a las opciones del botón **Pegar** (o al menú **Pegado especial**) para, una vez copiado el rango con las profesiones, pegarlo junto a los nombres eligiendo la opción **Trasponer**.

Nombre y Apellido	Profesión
Pablo Picasso	Pintor
William Shakespeare	Dramaturgo
Lola Herrera	Actriz
Almudena Grandes	Novelista
David Bowie	Músico

4.13   Formato condicional

Con el **formato condicional** se aplican efectos gráficos a las celdas según los valores que contengan.

Lo practicaremos usando la hoja de los temas 4.6 y 4.7 para lograr el resultado que aparece al final.

Formato
condicional ▾

PRÁCTICA

A   **Seleccionaremos** las celdas que contienen las **notas de los exámenes** y activaremos **Inicio > Formato condicional > Barras de datos > Más reglas**.

Aquí configuraremos nuestra regla:

- Estilo de formato: **Barra de datos**

- Tipo: **Automático** para la barra más corta y **Número** para la más larga

- Valor: **Automático** para la barra más corta y **10** para la más larga

- Apariencia de la barra: elegiremos la que se prefiramos

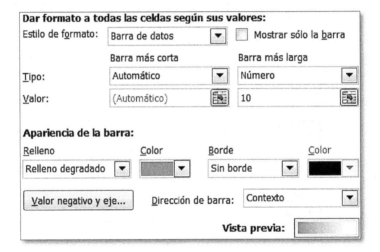

B   Aplicaremos un **formato condicional** en el rango de la **Nota Final** para que muestre un icono distinto según la nota.

Desde **Inicio > Formato condicional > Conjunto de iconos > Más reglas** estableceremos:

- Estilo de formato: **Conjunto de iconos**

- Estilo de icono: **Personalizada**

- Elegiremos un icono de **flecha arriba** cuando el valor es **>= 5**, icono de **flecha abajo** cuando es **<5** y sin icono cuando es **<0**.

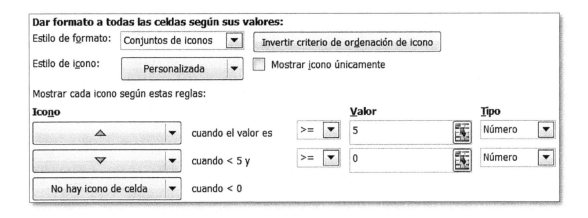

C El resultado final debería ser el mostrado abajo.

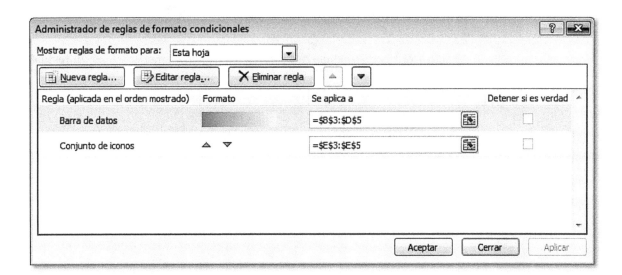

Para eliminar o editar las reglas creadas, lo haremos desde **Inicio > Formato condicional > Administrar reglas**.

▌4.14   Hojas: copiar y mover en el mismo y en distinto libro, eliminar

Las hojas de cálculo se pueden **copiar** y **mover** dentro del mismo libro o entre libros. Al copiar la hoja entera duplicaremos, no solamente su contenido, sino cualquier configuración que hayamos establecido: márgenes, encabezado/pie, opciones de impresión, etc.

PRÁCTICA

A   **Copie la hoja** de la práctica anterior dentro del mismo libro mediante el **menú contextual** de la etiqueta de la hoja **> Mover o copiar**, seleccionando **Crear una copia**.

Alternativamente, puede pulsar **Ctrl** y **arrastrar** la etiqueta.

B   Luego, **elimine** la copia también con el menú contextual o desde **Inicio > Celdas >** menú **Eliminar > Eliminar hoja**. Una hoja eliminada no se puede recuperar.

C   **Mueva** la hoja al inicio del libro **arrastrando su etiqueta** o con el procedimiento anterior: **menú contextual** de la etiqueta de la hoja **> Mover o copiar**.

D   Cree otro libro **[Archivo > Nuevo > Libro en blanco > Crear]** y **copie la misma hoja** a ese libro nuevo.

Guarde el libro nuevo con el nombre de **Formato condicional.xlsx**.

>   NOTA: Una opción útil para trabajar con dos libros a la vez es **Organizar todo** de la ficha **Vista**.

E   Por último, guarde y cierre ambos libros.

4.15   Libros: actualizar *.xls, organizar ventanas · Hojas: seleccionar y agrupar

Continuando con el tema del trabajo con libros y hojas, veremos varias opciones útiles cuando tenemos que manejar más de una hoja o más de un libro.

En primer lugar, hemos de saber que el antiguo formato de los archivos de *Excel*, ***.xls**, es compatible con esta versión y es posible trabajar en un libro manteniendo el formato anterior. No obstante, para aprovechar todas las características, es conveniente actualizarlo guardándolo como***.xlsx**.

Si hemos de trasladar o copiar hojas entre libros, o comparar su contenido, podemos **organizar sus ventanas** dentro de la ventana de *Excel* para verlos todos a la vez.

Cuando tengamos que realizar operaciones que afecten por igual a varias hojas, lo mejor será **seleccionarlas**. El programa considerará esta selección como un **grupo** y los cambios que hagamos en una hoja afectarán a todas las agrupadas.

PRÁCTICA

A   Abra el libro **Primer Semestre.xls,** que se encuentra en **Archivos Excel 2010**.

En la barra de título aparecerá el texto **[Modo de compatibilidad]** tras el nombre del libro ya fue creado con una versión anterior del programa y las opciones de *Excel* se ajustarán a las disponibles para ese formato de archivo.

Guarde el libro <u>en su carpeta con el mismo nombre</u>, pero con el formato **Libro de Excel (.xlsx)**.

B   **Ensanche** la zona de las etiquetas de las hojas, si fuera necesario, de forma que pueda verlas todas: arrastre la intersección con la barra de desplazamiento horizontal.

C   Como puede comprobar, hay meses que faltan y otros que no deberían estar. Ordenemos los meses de Enero a Septiembre **moviendo** las hojas que sean necesarias.

D   Ahora, habrá que **insertar** una hoja nueva entre Enero y Marzo y darle el nombre de Febrero.

E   **Cree** un libro nuevo (puede utilizar el atajo del teclado **Ctrl+U**) y **guárdelo** en su carpeta con el nombre de **Segundo Semestre.**

F **Organice las ventanas** de los dos libros abiertos en **horizontal [Vista > Ventana > Organizar todo]**.

G **Seleccione** las hojas Julio, Agosto y Septiembre (**Ctrl+clic**) de **Primer Semestre** y **cópielas** al principio del libro **Segundo Semestre**.

H **Renombre** las tres hojas siguientes del libro **Segundo Semestre** con el nombre de los tres meses restantes (Octubre, Noviembre y Diciembre).

I **Elimine** las hojas Julio, Agosto y Septiembre del libro **Primer Semestre**.

J **Seleccione** todas las hojas del libro **Primer Semestre** con el **menú contextual > Seleccionar todas las hojas** (o clicando en la primera etiqueta y pulsando **Mayús+clic** en la última).

K **Configure la página del grupo** de hojas en cualquiera de ellas: orientación horizontal, nombre del libro y nombre de la hoja en el encabezado.

L **Escriba** en A1 "Práctica selección hojas".

M **Desagrupe** las hojas **[menú contextual > Desagrupar hojas]** y compruebe que tanto la configuración de página como el texto escrito aparecen en todas las hojas.

N Repita la operación anterior con el libro **Segundo Semestre**.

▶ Módulo 5

Temas

5.1 Ocultar columnas y filas · Inmovilizar paneles

Al utilizar *Excel* como base de datos nos podemos encontrar con muchas columnas y filas repletas de contenido. Si necesitamos mostrar o imprimir unas columnas (o filas) concretas, tenemos la opción de **ocultar** el resto.

Para gestionar los datos de tablas extensas es prácticamente imprescindible **inmovilizar paneles**, es decir, dejar fijas ciertas **filas** (normalmente, la primera) para que, al desplazarnos hacia **abajo**, no perdamos de vista los encabezados.

Igualmente, si fijamos la(s) primera(s) **columna(s)**, no las perderemos de vista al desplazarnos hacia la **derecha**.

PRÁCTICA

A Cree un libro con el nombre de **Prácticas de Excel - Datos.** Allí confeccione la lista de abajo utilizando la fuente *Calibri 14* (incluya las columnas, pero no es necesario escribir todo el texto).

De un formato de celda a toda la hoja con **alineación vertical superior** y **ajuste de texto**.

Ajuste las columnas para que aparezcan aproximadamente como abajo.

	A	B	C	D	E	F
1	AÑO	PELÍCULA	GÉNERO	DIRECTOR	ESCRITORES	ACTORES PRINCIPALES
2	1968	2001: Una odisea espacial	Ciencia-ficción	Stanley Kubrick	Arthur C. Clarke y Stanley Kubrick	Keir Dullea, Gary Lockwood, William Sylvester
3	1956	El hombre que sabía demasiado	Suspense	Alfred Hitchcock	John Michael Hayes, Angus MacPhail	Doris Day, James Stewart
4	1982	Blade Runner	Ciencia-ficción	Ridley Scott	Philip K. Dick (novela *¿Sueñan los androides con ovejas eléctricas?*)	Harrison Ford, Rutger Hauer, Sean Young, Daryl Hannah
5	1992	Reservoir Dogs	Thriller	Quentin Tarantino	Quentin Tarantino	Harvey Keitel, Tim Roth
6	1951	Extraños en un tren	Suspense	Alfred Hitchcock	Raymond Chandler, Patricia Highsmith (novela)	
7	1960	Psicosis	Suspense	Alfred Hitchcock	Robert Bloch (novela), Joseph Stefano	Anthony Perkins
8	1994	Pulp fiction	Thriller	Quentin Tarantino	Roger Avary, Quentin Tarantino	Tim Roth, Amanda Plummer, John Travolta, Samuel L. Jackson, Uma Thurman, Harvey Keitel, Bruce Willis, Rosanna Arquette

B **Oculte** las columnas ESCRITORES y ACTORES PRINCIPALES mediante el menú contextual de los encabezados de columna, o bien, **Inicio > Celdas > Formato > Ocultar y mostrar**.

Seleccione ambas para ocultarlas a la vez.

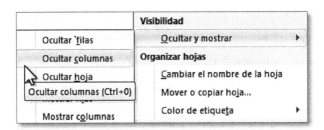

Ahora, **muestre** las columnas ocultas de igual manera, pero seleccionando previamente aquellas <u>entre las cuales</u> están ocultas.

C **Oculte**, y posteriormente **muestre** las **filas 2** y **3** al igual que ha hecho con las columnas en el punto anterior.

Practique estos procedimientos con otras filas y columnas.

D **Inmovilice** la primera fila [**Vista > Ventana > Inmovilizar > Inmovilizar fila superior**] y  compruebe el resultado desplazándose hacia abajo.

Luego, **movilice** de nuevo la fila desde **Vista > Ventana > Inmovilizar > Movilizar paneles**.

E **Inmovilice** la primera fila y las dos primeras columnas colocándose en **C2** y accediendo a **Vista > Ventana > Inmovilizar > Inmovilizar paneles**.

Compruebe el resultado desplazándose hacia abajo y hacia la derecha (ajuste el zoom a 150% o más para ver mejor el efecto).

NOTA: Cuando damos la orden de inmovilizar paneles, se quedan fijas las **filas** que hay **arriba** de la celda donde nos encontremos y las **columnas** a la **izquierda** de esa celda.

5.2   Ordenar y filtrar datos

Saber **ordenar** y **filtrar** los **datos** de una tabla, especialmente si contiene muchos, es imprescindible. *Excel* tiene las herramientas necesarias al final de la ficha **Inicio** y veremos cómo utilizarlas a través de la práctica siguiente.

Práctica

A   En la lista creada en la práctica anterior, **ordene** la lista por AÑO en forma ascendente. Para ello colóquese en cualquier celda con contenido de la columna A y clique en **Inicio > Modificar > Ordenar y filtrar > Ordenar de menor a mayor**.

> NOTA: No seleccione columnas o rangos para ordenar **toda una lista**, a menos que le interese ordenar solamente las columnas o rangos seleccionados.
>
> La ordenación y el filtrado también los conseguimos desde la ficha **Datos**.

B   Para ordenar sin estar en una columna concreta, hágalo desde el cuadro de diálogo **Inicio > Modificar > Ordenar y filtrar > Orden personalizado**: ordénela por DIRECTOR, descendente; y luego, hágalo por GÉNERO, ascendente.

C   **Filtre** la lista para aparezcan solo los registros de Alfred Hitchcock **[Inicio > Modificar > Ordenar y filtrar > Filtro > menú desplegable de encabezado]**.

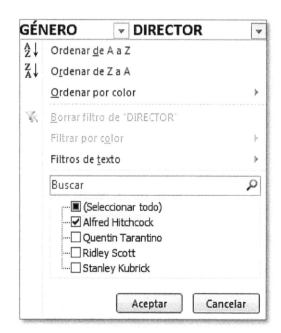

D   Luego, fíltrela para que aparezcan los de Quentin Tarantino y los de Stanley Kubrick.

E   Finalmente, quite todos los filtros **[Inicio > Modificar > Ordenar y filtrar > Borrar]**.

5.3 Gestionar datos de listas y bases de datos: ordenar, filtrar, buscar

Seguimos practicando la **gestión de datos** ampliando las opciones de **ordenación** y **filtrado** e introduciendo la **búsqueda** como una práctica necesaria con grandes volúmenes de datos.

Las herramientas para llevar a cabo estas operaciones las encontramos en **Inicio > Modificar**, como vimos en el tema anterior, y también en **Datos > Ordenar y filtrar**.

Es conveniente mencionar que en las bases de datos se usan los términos **registro** (cada fila) y **campo** (cada columna). Así pues, hablaremos, por ejemplo, del primer registro (el jamón), del campo artículo, el campo tipo, etc.

Práctica

A Confeccione la lista mostrada abajo en una hoja de **Prácticas de Excel - Datos.xlsx** (el total hay que calcularlo).

ARTÍCULO	TIPO	COSTE	CANTIDAD	TOTAL
Jamón "El porquet"	Comida	250,20 €	515	128.853,00 €
Queso "Cabrales"	Comida	95,30 €	325	30.972,50 €
Cola "Kilo"	Bebida	2,50 €	984	2.460,00 €
Candado "Lock"	Ferretería	6,15 €	30	184,50 €
Vino "Pronto"	Bebida	2,75 €	234	643,50 €
Fuet "E"	Comida	3,00 €	702	2.106,00 €
Agua "Xernovil"	Bebida	0,80 €	3	2,40 €

B **Añada** los registros (filas) siguientes a continuación de los anteriores:

56 Llaves BMW (Ferretería) que valen 6,15 €.

Queso "Burgos" del que tenemos 186 unidades y que vale 80,25 €.

C **Elimine** el registro de Agua "Xernovil" (elimine la **fila entera**, no los datos de las celdas).

D **Ordene** la lista por el campo COSTE descendente **[Datos > Ordenar y filtrar > Ordenar]**.

Luego, ordénela por TOTAL ascendente.

E   **Ordene** la lista usando dos criterios: por TIPO y por ARTÍCULO ascendente.

Pulse en **Agregar nivel** para añadir criterios de ordenación.

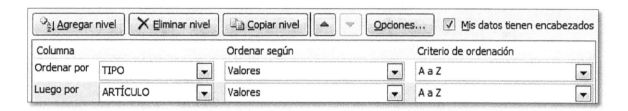

F   **Busque** los registros de los **quesos [Inicio > Modificar > Buscar y seleccionar]**. Escriba la palabra o parte de ella en la casilla de búsqueda y clique en **Buscar siguiente**.

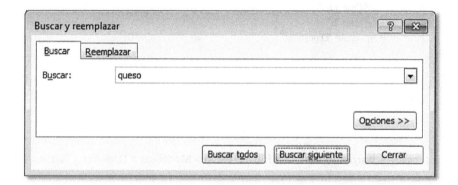

G   Active el **Filtro** desde **Datos > Ordenar y filtrar** y, mediante la casilla desplegable, filtre la columna TIPO para que aparezca solamente la ferretería.

Una vez comprobado el resultado, muestre todos los registros de nuevo (**borrar filtro de TIPO**).

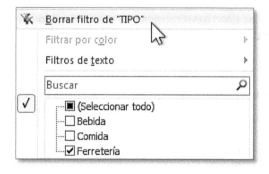

NOTA: Es necesario borrar un filtro antes de aplicar otro criterio de filtrado, a no ser que queramos más de un criterio.

H   Filtre la lista para ver solo la bebida y la comida. Sin borrar ese filtro, haga que aparezcan todos los quesos
mediante el **Filtro de texto**.

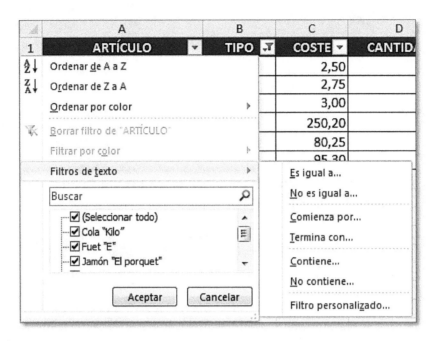

I   Muestre todos los registros **borrando** todos los **filtros [Inicio > Modificar > Ordenar y filtrar > Borrar]**.

J   Desde **Filtros de número** y **Diez mejores** muestre los 4
artículos de mayor coste.

Luego, los 3 importes menores.

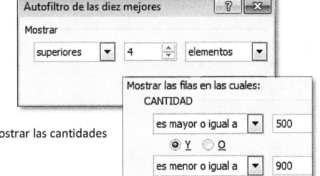

K   Mediante un filtro en la columna CANTIDAD consiga mostrar las cantidades
comprendidas entre **500** y **900**.

L   Filtre la columna TOTAL para que muestre los valores superiores al promedio.

Practique otros criterios de filtrado.

▌5.4   Opciones de impresión: repetir filas, ajustar escala · Insertar tabla

Si, al gestionar datos, inmovilizábamos filas, cuando imprimimos podemos **repetir filas** para hacer que se impriman automáticamente en todas las páginas aquellas que nos interesen, normalmente, las que contienen los encabezados.

Al ajustar la **escala de impresión** conseguimos disminuir o aumentar el contenido de una hoja, sin necesidad de modificar la estructura de la hoja. Este "zoom" de impresión nos puede ir bien para listas de datos extensas.

Convertir una lista de datos en **tabla** hace que *Excel* ofrezca herramientas extras de diseño y opciones avanzadas de vinculación.

Práctica

A   Para practicar estas opciones abra el libro de trabajo **Stock.xls** (formato de Excel 97-2003), que se encuentra en la carpeta **Archivos Excel 2010**.

B   A continuación, guárdelo como **Libro de Excel** <u>en su carpeta</u> con el nombre de **Datos Productos.xlsx** y mejore su aspecto:

- Cambie el formato de la primera fila a **negrita**.

- Quite el **ajuste de texto** del formato de las celdas en toda la hoja y **ajuste la anchura** de las columnas.

- Cambie el nombre de la hoja por el de **Productos**.

C   Configure la página de la hoja en la ficha **Diseño de página** y/o el menú **Configurar página** de la siguiente manera:

- Orientación **Horizontal.**

- **Márgenes:** Superior **2**; Inferior **2**; Izquierdo **1,5**; Derecho **1,5**; Encabezado y pie **1**.

- Centre la hoja en página **horizontalmente**.

- Establezca el **nombre de la hoja** como encabezado en la sección izquierda y **su nombre** en la sección derecha.

- Establezca **Página** (actual) **de** (total páginas) como pie de página.

- Active la **impresión** de las **líneas de la cuadrícula [Opciones de la hoja]**.

D   Configure la **fila 1** como **títulos a imprimir** en cada página [**Diseño de página > Imprimir títulos > Repetir filas en extremo superior >** clicar en la fila 1].

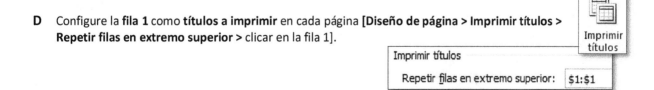

E   Ajuste la escala de impresión con un **zoom adecuado** para que se impriman <u>todas las columnas en una misma página</u> sin necesidad de cambiar la fuente **[Diseño de página > Ajustar área de impresión > Escala]**.

Pase a **Vista previa de impresión** para comprobar los ajustes anteriores y modifique aquellos que sean necesarios.

F   Compruebe, igualmente, que la hoja **Productos** consta de **2 páginas** e imprímala si lo considera conveniente.

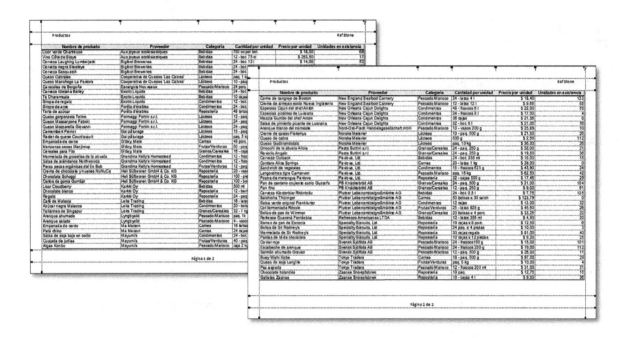

G   Active **Insertar > Tablas > Tabla**. Esta opción de **insertar tabla** hace que *Excel* detecte el rango de datos en la hoja, active el **filtro** automáticamente y nos ofrezca una nueva ficha, **Herramientas de tabla > Diseño**.

Aquí podremos cambiar su **aspecto**, darle un **nombre** para utilizarlo en fórmulas y otras opciones para trabajar con datos vinculados (**Datos externos a la tabla**). Esto último lo trataremos al final del módulo.

Para cambiar la tabla a una hoja normal, dehaga las acciones o clique en **Herramientas de tabla > Diseño > Herramientas > Convertir en rango**.

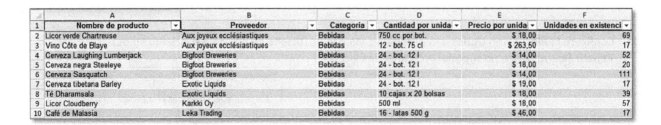

5.5 Datos: búsqueda ampliada, filtro personalizado, reemplazar

Dadas las potentes herramientas que nos ofrece *Excel* en la gestión de datos, habrá muchas tareas para las que no necesitemos un programa especializado en bases de datos, como *Access*.

Dos de las herramientas más importantes cuando manejamos un gran volumen de datos son la búsqueda y el filtrado, ya que nos permiten localizar y consultar los registros que nos interesen mediante criterios muy variados. Por ello, aquí realizaremos varias prácticas de **búsqueda ampliada** y, sobre todo, con el **filtro personalizado**.

Si hemos de cambiar unos datos por otros, lo más rápido será **buscarlos** y **reemplazarlos** automáticamente.

PRÁCTICA

A En el libro **Datos Productos.xlsx** que creó en el tema anterior **inmovilice** la **primera fila** y la **primera columna** [**Vista > Ventana > Inmovilizar paneles**]. Así, al desplazarnos por la hoja, no perderemos de vista los encabezados ni la columna de los productos.

> **NOTA:** No podrá inmovilizar filas y columnas en la **Vista diseño de página**.

B Ordene la lista utilizando tres criterios: **1º Categoría, 2º Proveedor, 3º Nombre de producto**, todos de forma ascendente [**Datos > Ordenar y filtrar > Ordenar**].

Una vez ordenada la lista, consulte qué condimentos nos proporciona **New Orleans Cajun Delights**.

C Busque el registro de los **Raviolis Angelo** [**Inicio > Modificar > Buscar y seleccionar**].

Modifique el precio a **20,50** dólares y las unidades en existencia a **30**.

D Busque y elimine todos los registros de **Tokyo Traders** (elimine las filas).

Clique en **Buscar todos** en el cuadro de diálogo para localizarlos más fácilmente y clique en los resultados para desplazarse a la fila.

Esta opción es especialmente útil cuando la información buscada se encuentra en varias hojas del libro.

Si este fuera el caso, deberíamos clicar en **Opciones** para ampliar la búsqueda.

También podemos afinarla al especificar coincidencias exactas del texto, su formato y dónde buscarlo.

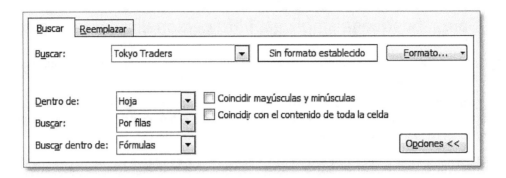

E   Introduzca los siguientes **nuevos registros**:

Nombre de producto	Proveedor	Categoría	Cantidad unidad	Precio unidad	Unidades exist.
Licor de Orujo	La Abuela, S.A.	Bebidas	10 - bot. 1 l	50,00	25
Müesli con frutas	El Granero, S.A.	Granos/ Cereales	15 - cajas 1 kg	34,85	9
Crema catalana	Casa Pep, S.L.	Repostería	20 - vasos 50 g	19,99	64

F   **Reordene** la lista con los criterios del punto B y, a continuación, **fíltrela** para que aparezcan sólo los registros de repostería **[Datos > Ordenar y filtrar > Filtro]**.

G   Sin quitar el filtro anterior, aplique otro filtro para que aparezcan solamente los productos del proveedor **Specialty Biscuits, Ltd.**

H   Cancele los filtros anteriores **[Datos > Ordenar y filtrar > Borrar]** para que recuperar todos los registros.

I   Consiga ahora que aparezcan los **10 productos más caros.**

J   Recupere todos los registros y consiga que aparezcan ahora los **20 productos cuyas existencias son menores**.

K   Filtre la lista de nuevo para que aparezcan todos los registros **excepto las bebidas** y las **carnes.**

L   Muestre aquellos productos cuyas unidades en existencia sean **menores de 50**.

M   Luego, muestre aquellos productos cuyas unidades en existencia sean **mayores o iguales a 50** y **menores de 100**.

N   Use el **Filtro personalizado** (en **Filtros de texto**) para mostrar las **cervezas** y los **licores**.

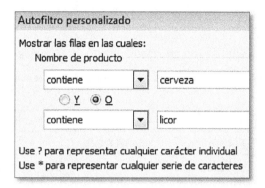

O   Mediante la opción **Reemplazar** del botón **Buscar y seleccionar** hemos de cambiar el nombre el proveedor Pavlova, Ltd. por el de **Petrovich & Co, Ltd.**

A fin de asegurarnos de que buscamos el nombre exacto, seleccionaremos las casillas **Coincidir mayúsculas y minúsculas** y **Coincidir con el contenido de toda la celda**.

Clicaremos en **Reemplazar** para hacerlo uno a uno, o bien, en **Reemplazar todos** para hacerlo todo de una vez.

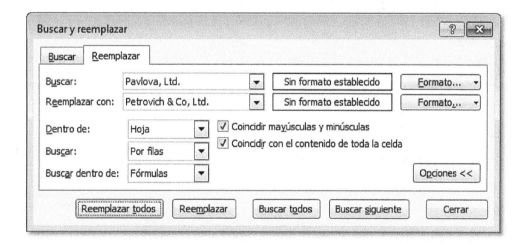

Tras finalizar, realizaremos una búsqueda para comprobar que ya no existen registros con el proveedor Pavlova, Ltd. y sí existen con el proveedor Petrovich & Co., Ltd.

P   Revise las **opciones** de búsqueda y reemplazo y experimente con ellas.

5.6   Subtotales

El uso de los **subtotales** nos permite agrupar y calcular automáticamente valores en registros que tienen en común algún campo sin desvirtuar la base de datos.

PRÁCTICA

A   Veamos un supuesto. Realice la siguiente lista en **Prácticas de Excel - Datos.xlsx**.

Queremos conocer el importe de las **ventas de cada vendedor** y el **importe total**.

	A	B	C
	FECHA	**VENDEDOR**	**VENTA**
1			
2	13/12/2015	Vicente	3.256
3	07/06/2015	María	5.631
4	16/01/2015	María	10.484
5	10/04/2015	José	12.844
6	31/12/2015	María	16.984
7	02/01/2015	José	24.987
8	15/12/2015	José	26.435
9	10/12/2015	Vicente	33.857
10	20/12/2015	María	67.329

B   **Ordene** la lista ascendentemente usando **dos criterios**, primero VENDEDOR y luego FECHA.

La <u>ordenación</u> por el campo que queremos agrupar es <u>imprescindible</u> para que funcionen los subtotales, en este supuesto es el vendedor.

C   Calcule los **subtotales [Datos > Esquema > Subtotal]** con los criterios siguientes:

- Para cada cambio en: **VENDEDOR**

- Usar la función: **Suma**

- Agregar subtotal a: **VENTA**

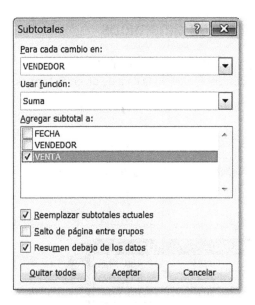

En la parte izquierda aparece una nueva columna de **esquema** en la que podemos replegar o desplegar cada **nivel de resumen** clicando en los **números** y en los botones **+** y **-**. De esta manera, elegimos el detalle que nos interesa ver o lo ocultamos si no es relevante.

Para **cancelar los subtotales** volveremos a **Datos > Esquema > Subtotal** y clicaremos en el botón **Quitar todos**.

D   Calcule ahora los mismos subtotales pero usando **diferentes funciones** (Cuenta, Mínimo, ...).

5.7   Tablas dinámicas: crear y modificar · Gráficos dinámicos

Los **informes de tablas y gráficos dinámicos** permiten realizar cálculos y crear gráficos a partir de una lista sin desvirtuar su estructura. Podemos calcular, agrupar y distribuir la información contenida en la lista de diversas formas y colocar el resultado en la misma hoja o en otra distinta.

PRÁCTICA

A   En esta práctica crearemos una **tabla dinámica** sencilla que nos calcule el total de cada tipo de artículo. Lo haremos a partir de la lista del libro **Prácticas de Excel - Datos.xlsx**.

	A	B	C	D	E
1	**ARTÍCULO**	**TIPO**	**COSTE**	**CANTIDAD**	**TOTAL**
2	Cola "Kilo"	Bebida	2,50	984	2.460,00 €
3	Vino "Pronto"	Bebida	2,75	234	643,50 €
4	Fuet "E"	Comida	3,00	702	2.106,00 €
5	Jamón "El porquet"	Comida	250,20	515	128.853,00 €
6	Queso "Burgos"	Comida	80,25	186	14.926,50 €
7	Queso "Cabrales"	Comida	95,30	325	30.972,50 €
8	Candado "Lock"	Ferretería	6,15	30	184,50 €
9	Llaves BMW	Ferretería	6,15	56	344,40 €

Para insertarla, nos colocaremos dentro en la lista y accederemos a **Insertar > Tablas > Tabla dinámica**.

B   En el cuadro de diálogo indicaremos que queremos situar la tabla en una **Hoja de cálculo existente**, en nuestro caso en la misma hoja de la práctica. Así pues, **clicaremos en la celda** a partir de la cual queremos que aparezca la tabla dinámica, por ejemplo, en **A12**.

Tabla
dinámica ▾

C   En el panel **Lista de campos de tabla dinámica** seleccionaremos los campos TIPO y TOTAL para que *Excel* nos agrupe el primero y nos sume el segundo automáticamente.

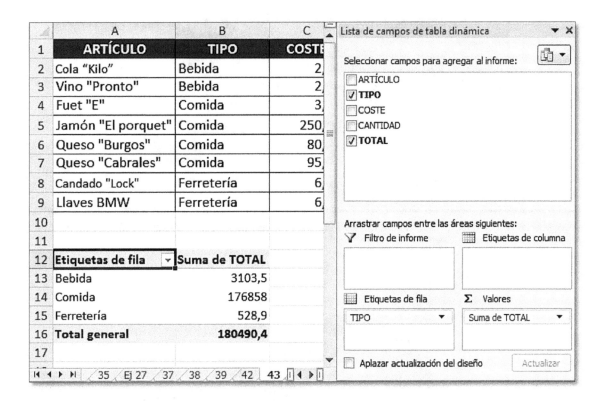

D   Como nos interesa desglosar cada tipo, seleccionaremos también el campo ARTÍCULO, que será una nueva **Etiqueta de fila**, por debajo de TIPO.

12	Etiquetas de fila	Suma de TOTAL
13	⊟Bebida	**3103,5**
14	Cola "Kilo"	2460
15	Vino "Pronto"	643,5
16	⊟Comida	**176858**
17	Fuet "E"	2106
18	Jamón "El porquet"	128853
19	Queso "Burgos"	14926,5
20	Queso "Cabrales"	30972,5
21	⊟Ferretería	**528,9**
22	Candado "Lock"	184,5
23	Llaves BMW	344,4
24	**Total general**	**180490,4**

E Cambiaremos los datos siguientes (coste y/o cantidad) de nuestra tabla inicial y para **actualizar** la tabla dinámica acudiremos a **Herramientas de tabla dinámica > Opciones > Datos > Actualizar**.

Actualizar

ARTÍCULO	TIPO	COSTE	CANTIDAD
Fuet "E"	Comida	3,00	**115**
Jamón "El porquet"	Comida	**50,45**	15
Queso "Burgos"	Comida	**28,25**	20
Queso "Cabrales"	Comida	**60,00**	70
Candado "Lock"	Ferretería	6,15	**200**

F Ahora **insertaremos un gráfico dinámico** que nos muestre el porcentaje de cada tipo sobre el total.

Primero deberemos replegar los artículos clicando en el símbolo ⎨−⎬, ya que no queremos que aparezcan en el gráfico, y acudiremos a **Herramientas de tabla dinámica > Opciones > Herramientas > Gráfico dinámico.**

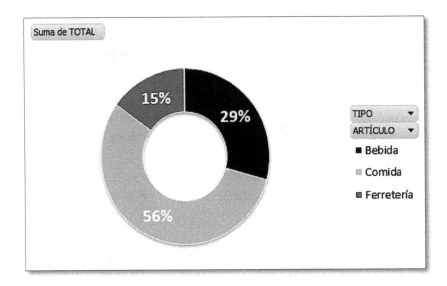

G Por último, probaremos a **desplegar/replegar** los artículos clicando en el símbolo ⎨+⎬ y observaremos cómo el cambio en la tabla dinámica se refleja en el gráfico dinámico.

También podemos usar los encabezados TIPO y ARTÍCULO para **filtrar** el gráfico.

█ 5.8   Validación de datos

La **validación de datos** es una valiosa herramienta en la gestión de datos, ya que permite controlar qué valores pueden introducirse en las celdas, evitando, así, posibles errores.

Validación de datos ▾

Veamos unos supuestos de ejemplo.

PRÁCTICA

A   Realice la tabla de abajo en una hoja del libro **Prácticas de Excel - Datos** y **seleccione el rango B4:G6**, donde aplicaremos una **validación** para evitar que se introduzcan valores menores de 0 y mayores de 50 (el total de preguntas por materia).

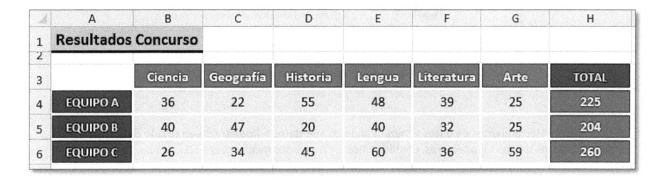

	A	B	C	D	E	F	G	H
1	**Resultados Concurso**							
2								
3		Ciencia	Geografía	Historia	Lengua	Literatura	Arte	TOTAL
4	EQUIPO A	36	22	55	48	39	25	225
5	EQUIPO B	40	47	20	40	32	25	204
6	EQUIPO C	26	34	45	60	36	59	260

B   En **Datos > Herramientas de datos > Validación de datos** configuraremos la condición en la ficha **Configuración**: permitir número entero entre 0 (mínimo) y 50 (máximo).

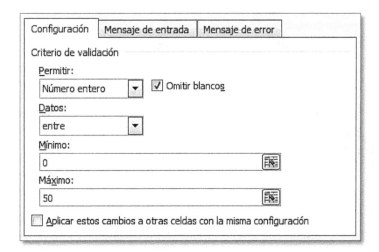

La casilla **Omitir blancos** seleccionada hace que no se evalúen las celdas vacías.

C En **Mensaje de error** escribiremos el título, *¡Ojo al dato!* y el texto de advertencia, *El número de respuestas ha de estar comprendido entre 0 y 50. Pulse en Reintentar para corregir o en Cancelar para dejarlo como estaba.*

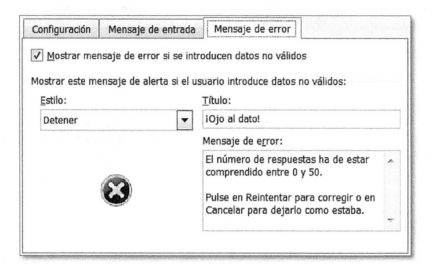

D Desde **Datos > Herramientas de datos >** menú **Validación de datos > Rodear con un círculo datos no válidos** comprobaremos si detecta los errores. Cambiaremos los tres datos incorrectos a 50.

A continuación, probaremos el correcto funcionamiento de la configuración que hemos establecido introduciendo algunos datos erróneos.

E Para aprender a utilizar otro estilo de validación, la **lista**, prepararemos esta tabla:

	A	B	C	D
1	Cursos	Mañana	Tarde	Noche
2		8,00 €	7,00 €	6,00 €
3		6,00 €	5,00 €	4,00 €
4		6,00 €	5,00 €	4,00 €
5		10,00 €	9,00 €	8,00 €
6		12,00 €	11,00 €	10,00 €

F   Seleccionaremos el rango donde han de aparecer los cursos y en la ficha **Configuración** del cuadro de diálogo de validación elegiremos **Lista** en la casilla **Permitir**.

Al seleccionar **Celda con lista desplegable** obtendremos la lista de cursos de esta manera al clicar en la celda.

En **Origen** escribiremos los valores de la lista separados por punto y coma: *Base de datos; Diseño gráfico; Diseño Web; Hoja de cálculo; Procesador de texto.*

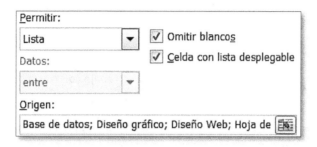

G   Como mensaje de error elegiremos el **Estilo: Advertencia**, lo cual advertirá, pero **permitirá** introducir valores distintos de la lista.

Escribiremos *Dato erróneo* como título y *Elija un curso de la lista desplegable* como mensaje de error.

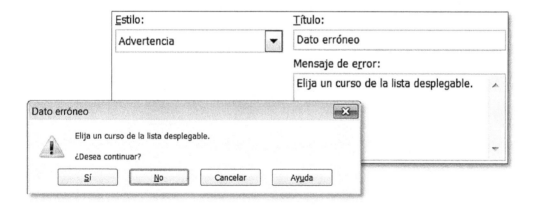

H   Ahora, probaremos que funciona correctamente la validación introduciendo los siguientes datos válidos y alguno erróneo.

	A
1	*Cursos*
2	Base de datos
3	Hoja de cálculo
4	Procesador de texto
5	Diseño gráfico
6	Diseño Web

5.9 Trabajo con varias hojas · Fórmulas con referencias en otras hojas · Ventanas de libro

En este tema aprenderemos a **trabajar con varias hojas** de forma eficiente y a obtener otra **ventana del mismo libro** para poder ver distintas hojas del libro al mismo tiempo.

Asimismo, veremos cómo escribir **fórmulas** que contengan **referencias a celdas de otras hojas**.

PRÁCTICA

A   Crearemos un **libro nuevo** y lo guardaremos con el nombre **Trabajo con varias hojas.** Usaremos dos hojas.

B   Configuraremos la página de la **primera hoja** con orientación **horizontal.** Como encabezado, el **nombre del libro** y como pie de página, el **nombre de la hoja** y el **número de página.**

Insertaremos el WordArt también en la **primera** hoja.

C   Una vez hayamos acabado, **copiaremos la hoja** con el menú contextual de su etiqueta para crear un duplicado exacto (configuración y contenido).

A continuación, escribiremos los **datos** en la primera hoja (mostrados abajo) y los **datos** de la segunda hoja (**Valor pedido**).

Cambiaremos sus nombres por **IVA-DESCUENTOS** (1ª hoja) y **PEDIDOS** (2ª hoja).

Hoja 1

Hoja 2

	A	B	C	D	E	F	G
1	Bazar Alí						
2	**Artículo**	**Valor pedido**	**Tipo DTO**	**DTO**	**Tipo IVA**	**IVA**	**Precio Final**
3	Reloj despertador	250,65 €	2%	5,01 €	16%	39,30 €	284,94 €
4	Libro de cuentos	146,20 €	2%	2,92 €	4%	5,73 €	149,01 €
5	Portadocumentos	674,00 €	10%	67,40 €	16%	97,06 €	703,66 €
6	Planta Cactus	361,05 €	2%	7,22 €	7%	24,77 €	378,60 €
7	Cuaderno escolar	400,75 €	5%	20,04 €	4%	15,23 €	395,94 €
8							

IVA-DESCUENTOS   PEDIDOS

D   Para ver las dos hojas a la vez clicaremos en **Vista > Ventana > Nueva ventana** con lo que obtendremos una **segunda ventana del mismo libro**.

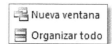

A continuación, clicaremos en **Organizar todo** para ver ambas ventanas dentro de *Excel*.

E   Vamos a **calcular** las cantidades en negrita de la hoja PEDIDOS: el **DTO**, el **IVA** y el **Precio Final**. Pero, previamente hemos de recoger los datos de las columnas **Tipo DTO** y **Tipo IVA** de la hoja IVA-DESCUENTOS. Para ello, tras **escribir el signo =** de la fórmula,

1) **clicaremos en la etiqueta de la otra hoja,**

2) **clicaremos en la(s) celda(s)** que queramos introducir en la fórmula, y

3) **pulsaremos** la tecla **Entrar** para volver automáticamente a la fórmula de la hoja PEDIDOS.

En la fórmula aparecerá el nombre de la hoja (entrecomillado si el nombre contiene espacios u otro carácter delimitador) seguido de un signo de exclamación y de la referencia, por ejemplo, ='IVA-DESCUENTOS'!E5

F   En la hoja IVA-DESCUENTOS actualizaremos el **IVA 1** al **21%** y cambiaremos el **DTO 3** por el **3,5%**.

Hecho esto, comprobaremos que en la hoja PEDIDOS se han actualizado los datos y resultados.

G   Para volver a la vista de una sola ventana del libro, **cerraremos una** de las ventanas.

5.10   Protección de la hoja y del libro

Existen diversas maneras de **proteger la hoja y el libro** con contraseña, dependiendo de qué necesitemos: impedir que se hagan cambios en determinadas **celdas**, proteger la **estructura del libro** (sus hojas) o impedir la **apertura**.

PRÁCTICA

A   En el libro creado en la práctica anterior **Trabajo con varias hojas** protegeremos las celdas de la hoja **Pedidos** que contienen fórmulas.

B   Para ello, seleccionaremos los rangos de las celdas que <u>no contienen fórmulas</u> (**A3:B7**) y en **Inicio > Celdas > Formato > Protección > Bloquear celda** desactivaremos el bloqueo de celdas.

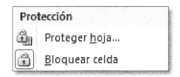

C   En el mismo menú clicaremos en **Proteger hoja** y escribiremos una contraseña.

También podemos permitir ciertas acciones a los usuarios, sin necesidad de introducir la contraseña. Por defecto, solo se permite seleccionar celdas.

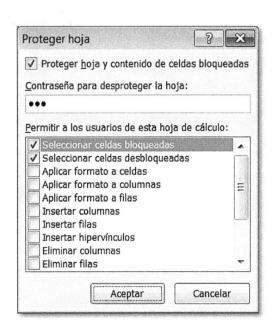

D   Comprobaremos que no podemos hacer cambios en las celdas protegidas.

Para desproteger la hoja volveremos al menú, elegiremos **Desproteger hoja** y escribiremos la contraseña.

E   Para proteger la estructura del libro acudiremos a **Revisar > Cambios** y clicaremos en **Proteger libro**.

Al hacerlo así, no se podrá eliminar, insertar ni llevar a cabo las demás operaciones con hojas.

Si no indicamos una contraseña en el cuadro de diálogo, otro clic en el botón desactivará la protección.

Para anular la protección del libro clicaremos en el mismo botón y escribiremos la contraseña.

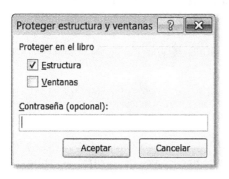

F   Por último, si queremos proteger el libro contra apertura, deberemos ir a **Archivo > Información > Proteger libro > Cifrar con contraseña**.

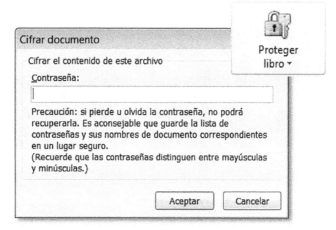

Para quitar la protección contra apertura clicaremos en el mismo botón y **borraremos** la contraseña.

NOTA: Es esencial memorizar o apuntar en sitio seguro las contraseñas, ya que, de olvidarlas, no se podrá modificar la hoja o abrir el libro.

5.11   Trabajo conjunto con varias hojas (revisión)

PRÁCTICA

A   Realice esta práctica en el libro **Trabajo con varias hojas.xlsx**. Utilizaremos **3 hojas**.

Los nombres de las tres hojas serán **1er Semestre**, **2do Semestre** y **Total Año** respectivamente.

En la hoja **1er Semestre** configuraremos la página como nos parezca mejor, insertaremos los datos y el WordArt.

Haremos **dos copias** y **cambiaremos** aquellas partes que sean distintas en cada una de las **hojas copiadas**.

NOTA: También podemos **seleccionar las tres hojas** y en una de ellas escribir y configurar aquello que sea común: aparecerá automáticamente en todas las hojas seleccionadas.

B   Ahora, nuestra tarea consistirá en **usar los datos de unas hojas para hacer cálculos en otras**. Hay que **calcular** las cantidades en negrita y aplicar los formatos de celda apropiados.

Los **precios/kg de la hoja 2do Semestre** se calculan haciendo referencia a los de la hoja **1er Semestre** y aplicándoles la variación del precio que se indica.

Los **totales de la hoja Total Año** se calculan haciendo referencia a los de la hoja **1er Semestre** y **2do Semestre**.

Las ilustraciones siguientes muestran cómo deben quedar las hojas una vez acabado la práctica.

HOJA 1 - 1er Semestre

	A	B	C	D	E	F
1	Interceramic				COMPRAS MATERIAS PRIMAS	
2					PRIMER SEMESTRE	
3						
4						
5					CUOTA IVA:	21%
6						
7	PRODUCTO	KILOGRAMOS	PRECIO KG	TOTAL NETO	TOTAL IVA	TOTAL COMPRA
8	Arcilla	125.000	130	16.250.000,00 €	3.412.500,00 €	19.662.500,00 €
9	Fritas	993	6.714	6.667.002,00 €	1.400.070,42 €	8.067.072,42 €
10	Esmaltes	1.236	4.562	5.638.632,00 €	1.184.112,72 €	6.822.744,72 €
11						
12			TOTALES:	28.555.634,00 €	5.996.683,14 €	34.552.317,14 €
13						
14						

1er Semestre / 2do Semestre / Total Año

HOJA 2 - 2do Semestre

	A	B	C	D	E	F
1						
2	Interceramic			COMPRAS MATERIAS PRIMAS		
3				SEGUNDO SEMESTRE		
4						
5					CUOTA IVA:	21%
6						
7	PRODUCTO	KILOGRAMOS	PRECIO KG	TOTAL NETO	TOTAL IVA	TOTAL COMPRA
8	Arcilla	101.000	143	14.443.000,00 €	3.033.030,00 €	17.476.030,00 €
9	Fritas	850	7.117	6.049.314,00 €	1.270.355,94 €	7.319.669,94 €
10	Esmaltes	1.000	4.197	4.197.040,00 €	881.378,40 €	5.078.418,40 €
11						
12			TOTALES:	24.689.354,00 €	5.184.764,34 €	29.874.118,34 €
13						
14	Variación Precio Kilogramo					
15	Arcilla	10%				
16	Fritas	6%				
17	Esmaltes	–8%				
18						

1er Semestre / **2do Semestre** / Total Año

HOJA 3 - Total Año

	A	B	C	D
1				
2	Interceramic		COMPRAS MATERIAS PRIMAS	
3			RESUMEN AÑO	
4				
5		TOTALES SEMESTRES		
6				
7		TOTAL NETO	TOTAL IVA	TOTAL COMPRA
8	PRIMER SEMESTRE	28.555.634,00 €	5.996.683,14 €	34.552.317,14 €
9	SEGUNDO SEMESTRE	24.689.354,00 €	5.184.764,34 €	29.874.118,34 €
10				
11	TOTAL ANUAL	53.244.988,00 €	11.181.447,48 €	64.426.435,48 €
12				

1er Semestre / 2do Semestre / **Total Año**

5.12 Plantillas: crear y usar

El uso de plantillas de libros permite crear libros nuevos rápidamente con unas características y contenido predefinidos. La única diferencia con los libros normales de *Excel* es que las plantillas se usan para crear libros nuevos, manteniéndose estas sin cambios (a menos que las modifiquemos expresamente). La extensión de una plantilla de libro es **.xltx**.

Para utilizar las plantillas que vienen incorporadas activaremos **Archivo > Nuevo** y elegiremos **Plantillas instaladas.** Si disponemos de conexión a Internet podemos descargarnos gran cantidad de plantillas mediante la opción del panel **Microsoft Office Online.**

En este tema aprenderemos a crear, usar y modificar nuestras propias plantillas. Para ello configure la hoja de abajo en un libro nuevo o abra el libro **Contabilidad 1er Semestre.xlsx** en la carpeta **Archivos Excel 2010**.

	A	B	C	D	E	F	G	H
1			CONTABILIDAD DOMÉSTICA 1er SEMESTRE					
2	**Ingresos**	Enero	Febrero	Marzo	Abril	Mayo	Junio	**Total**
3	Nóminas							0
4	Comisiones							0
5	Varios							0
6	**Total Ingresos**	0	0	0	0	0	0	0
7								
8	**Gastos**	Enero	Febrero	Marzo	Abril	Mayo	Junio	**Total**
9	Comida							0
10	Electricidad							0
11	Agua							0
12	Hipoteca							0
13	Formación							0
14	Ropa							0
15	Varios							0
16	**Total Gastos**	0	0	0	0	0	0	0
17								
18	**Saldo mensual**	Enero	Febrero	Marzo	Abril	Mayo	Junio	**Saldo Final**
19		0	0	0	0	0	0	0

PRÁCTICA

A   Ahora convertiremos el libro en plantilla. Active **Archivo > Guardar como** y elija **Plantilla de Excel** en la casilla **Tipo**. Excel dirigirá el destino del archivo a la carpeta **Plantillas**.

Puede guardarla en otra carpeta de su elección, creada expresamente.

Tipo: Plantilla de Excel (*.xltx)

B   Dele el nombre de **Plantilla Contabilidad 1er Semestre** y cierre *Excel*.

Mis plantillas

C   Ya podemos crear libros a partir de la plantilla guardada. Abra *Excel* de nuevo. Acceda a **Archivo > Nuevo** y del panel izquierdo elija **Mis Plantillas.**

D   **Seleccione** la plantilla creada clicando sobre ella y luego, sobre **Aceptar**. Con ello obtendremos un libro nuevo exactamente igual que la plantilla. Solo habrá que cambiarle el nombre cuando guardemos el libro.

Si la ha guardado en una carpeta propia, búsquela en la carpeta y haga **doble clic** sobre la plantilla (o clic con el botón derecho y **Nuevo**).

E   Cree **otra plantilla** con el nombre de **Plantilla Contabilidad 2do Semestre,** que debe ser igual que la anterior, pero con los meses de Julio a Diciembre.

F   Por último, **cree otra plantilla** que contenga las dos hojas (1er y 2do semestre) con el nombre de **Plantilla Contabilidad Anual**.

Una vez creada, **elimine** las otras dos plantillas semestrales.

5.13   Barra de acceso rápido · Cinta de opciones: crear ficha propia

Personalizar la **barra de acceso rápido** y la **cinta de opciones** con los botones de comando que utilizamos más a menudo nos ayudará a agilizar el trabajo con las hojas de cálculo.

PRÁCTICA

A   Añada el botón **Vista previa de impresión e Imprimir** y el botón **Impresión rápida** a la barra de acceso rápido mediante el menú de la **Barra acceso rápido**. Luego, quite el botón de impresión rápida de igual manera.

Personalice esta barra según sus intereses, agregando o quitando botones de comando.

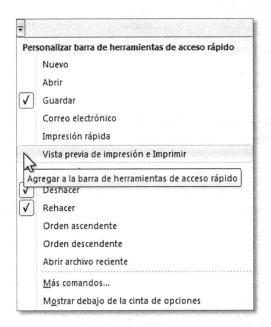

B   Acceda a **Archivo > Opciones > Personalizar la cinta de opciones** (o menú contextual de la cinta) y en el panel de la derecha clique en **Nueva ficha**.

Dele su nombre propio clicando en **Cambiar nombre**.

C   **Despliegue** el contenido de su ficha personalizada clicando en ⊞ , seleccione **Nuevo grupo (personalizada)** y dele el nombre de **Mis botones**.

D   Con el grupo **Mis botones** seleccionado, busque en el panel de la izquierda, dentro de **Comandos más utilizados**, el comando **Guardar como**. Selecciónelo y pulse **Agregar >>**.

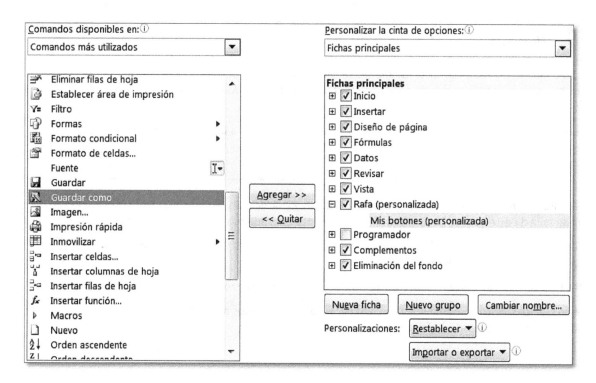

E   Repita el procedimiento anterior para agregar el comando **Configurar página**.

Al acabar, clique en **Aceptar**.

F   Añada, ahora, un **nuevo grupo** a su ficha con el nombre de **Mis macros**.

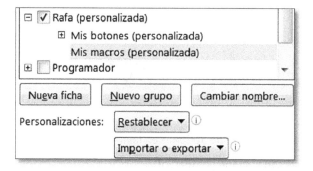

Nota: Para **quitar** comandos, grupos o fichas de la cinta de opciones use el botón **<< Quitar** o el menú contextual.

También puede **ordenar** las fichas y grupos según sus preferencias con los botones **Subir / Bajar** (o arrastrar) y desactivar la **visualización** de las fichas desmarcando la casilla asociada.

Para dejar la cinta con las opciones predeterminadas clique en **Restablecer**.

5.14   Macros

Una **macro** o macroinstrucción consiste en una secuencia de acciones que se llevan a cabo automáticamente. Si grabamos en una macro esta secuencia de acciones repetitivas, evitaremos tener que hacerlas nosotros mismos una y otra vez, ya que las ejecutará la macroinstrucción.

En este tema aprenderemos a crear una macro, a ejecutarla y a asignarla a un botón en la cinta de opciones.

PRÁCTICA

A   Abra el libro **Ventas Delegados** (en **Archivos Excel 2010**) y guárdelo en su carpeta con el mismo nombre. Verá que en cada hoja de este libro se ha usado una fuente distinta que, además, no es la más adecuada.

Grabe una **macro** que cambie el formato de fuente de todas las hojas. Para ello, en **Vista > Macros >** menú **Macros** clique en **Grabar macro**.

Dele el nombre de **Normalizar_aspecto** (sin espacios) y asigne la macro al libro actual (**Este libro**).

En este ejemplo, restringimos la macro a un libro, pero si quisiéramos disponer de la macro en todos los libros de *Excel,* deberíamos guardarla en **Libro de macros personal**.

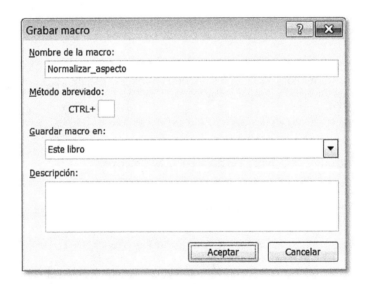

B   Pulse **Aceptar** para comenzar la grabación de **acciones** en la macro, que serán las siguientes:

   1)   Seleccione **todas las hojas** con el **menú contextual**.

   2)   Seleccione **todo el contenido** de la **primera hoja**.

   3)   Desde **Inicio >** menú **Fuente** cambie el **formato** de **fuente** seleccionando la casilla **Fuente normal**.

   4)   **Desagrupe** las hojas **con el menú contextual**.

Al acabar, vuelva a **Vista > Macros >** menú **Macros** y clique en **Detener grabación**.

C Para comprobar que la macro funciona correctamente, primero **deshaga** las acciones anteriores. Luego, pulse el botón **Macros**, seleccione la macro **Normalizar_aspecto** y **ejecútela**.

Si se ha equivocado en la secuencia de acciones o la macro no funciona como debiera, selecciónela en la lista, **elimínela** y vuelva a grabarla.

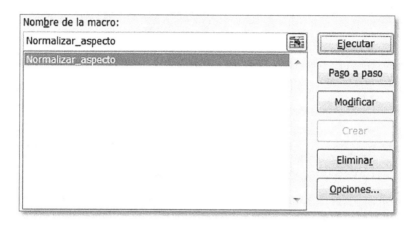

D Para tener la macro más a mano, vamos a asignarle un botón en nuestra ficha personalizada desde el cuadro de diálogo de **Personalizar la cinta de opciones**.

Accederemos a **Comandos disponibles en: Macros** y agregaremos el botón a nuestro grupo **Mis macros**.

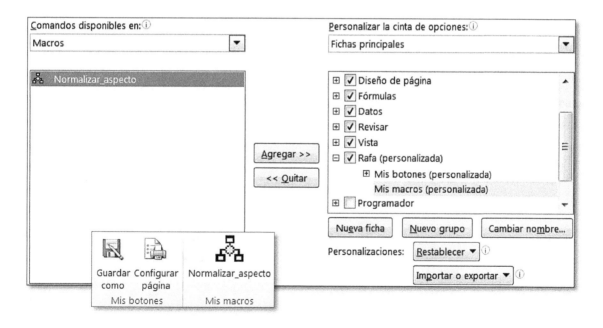

E Al guardar el libro deberemos usar la opción **Guardar como** y elegir el tipo **Libro de Excel habilitado para macros (*.xlsm)**.

5.15 Compartir libros: opciones y control de cambios

Cuando varias personas han de trabajar en un mismo libro dentro de una red local (intranet), podemos recurrir a la herramienta de **Compartir libro**.

Veremos las **opciones** de que dispone y cómo **controlar** los cambios, todo ello desde la ficha **Revisar** y el mismo grupo: **Cambios**.

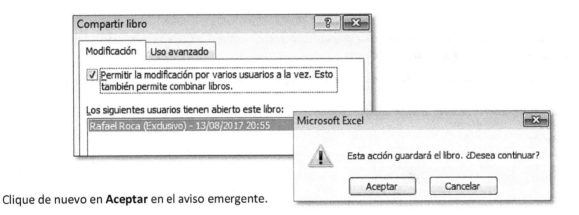

En primer lugar, hemos de **crear** una **carpeta de red compartida** para guardar en ella el libro que deseamos compartir. Si dispone de una red local, siga los pasos de la práctica. Si no tiene la red, simplemente lea los procedimientos.

PRÁCTICA

A   Guarde un libro en una **carpeta compartida** y acceda a **Compartir libro**.

En el cuadro de diálogo seleccione la casilla **Permitir la modificación por varios usuarios a la vez...** y clique en **Aceptar**.

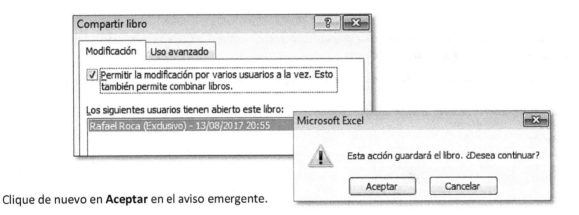

Clique de nuevo en **Aceptar** en el aviso emergente.

B   En otro ordenador de la red, acceda a la carpeta compartida y abra el libro compartido.

En su ordenador, en **Compartir libro**, verá el nuevo usuario que tiene abierto el libro (y podrá quitarlo, si lo desea).

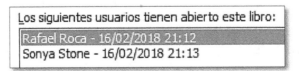

C Para ver en la hoja los cambios que hacen los usuarios del libro, acceda a **Control de cambios > Resaltar cambios**.

Aquí podrá controlar qué cambios se realizan por fecha (**Cuándo**), usuario (**Quién**) y lugar en la hoja (**Dónde**). En el ejemplo controlamos los cambios de un usuario.

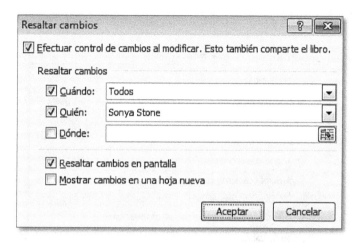

Nota: La casilla **Efectuar control de cambios al modificar** está seleccionada porque ya hemos compartido el libro. Si no fuera un libro compartido, al seleccionarla, iniciaríamos el proceso, guardando el libro en la carpeta compartida.

D Escriba "DATOS" en la celda A1 y en el otro ordenador escriba en las celdas A2 y A3.

Las **esquinas** de las celdas mostrarán un **color** distinto para cada usuario y al colocar el **puntero** sobre ellas obtendremos **información** sobre el cambio realizado.

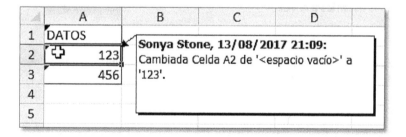

E Los cambios que hayan hecho los distintos usuarios podremos **aceptarlos** o **rechazarlos** en **Control de cambios > Aceptar o rechazar cambios**.

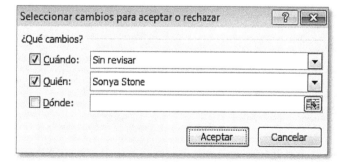

F   Las opciones avanzadas de configuración de la herramienta las tenemos en **Compartir libro > Uso avanzado**.

Aquí estableceremos, si nos interesa, el **tiempo** máximo que se irán guardando los cambios; cuándo serán visibles para todos los cambios hechos por un usuario (**Actualizar cambios**); cómo gestionar **cambios conflictivos** (p. ej., de varios usuarios sobre las mismas celdas); y qué configuración reservar en exclusiva para el propio usuario (**Incluir en vista personal**).

```
┌──────────────┬──────────────┬──────────────────────┐
│ Modificación │ Uso avanzado │                      │
├──────────────┴──────────────┴──────────────────────┤
 Control de cambios
   ◉ Guardar historial de cambios durante:  [ 30 ▲▼] días
   ○ No guardar historial de cambios
 Actualizar cambios
   ◉ Al guardar el archivo
   ○ Automáticamente cada:  [ 15 ▲▼] minutos
        ◉ Guardar mis cambios y ver los cambios de otros usuarios
        ○ Sólo ver los cambios de otros usuarios
 En caso de cambios conflictivos entre usuarios
   ◉ Preguntar cuáles prevalecen
   ○ Prevalecen los cambios guardados
 Incluir en vista personal
   ☑ Configuración de impresora
   ☑ Configuración de filtro
```

G   Para dejar de compartir un libro, quite al resto de usuarios del libro compartido y desmarque la casilla **Permitir la modificación por varios usuarios a la vez**.

Nota: Si antes de guardar el libro compartido clicamos en **Proteger y compartir libro**, podremos introducir una contraseña para evitar que los usuarios desactiven el control de cambios.

5.16 Importar datos externos

Si necesitamos insertar en una hoja el contenido de una tabla de una base de datos, de un archivo de texto, de una tabla en una página web o de otras fuentes, el procedimiento más práctico, en general, será el de copiar y pegar. Por ejemplo, podemos copiar una tabla de *Word* y pegarla en una hoja de *Excel*.

No obstante, si el contenido es muy extenso o necesitamos vincular los datos importados, podemos echar mano a las opciones de importación de **Datos > Obtener datos externos**. Eso sí, en el caso de un texto, habrá de estar delimitado (separado) para que *Excel* lo pueda distribuir en columnas y filas.

Practicaremos en este tema la importación desde un archivo de texto y de una tabla de *Access* a fin de familiarizarnos con el proceso, que será distinto según sea el origen de los datos.

PRÁCTICA

A En un libro nuevo que guardará con el nombre **Importar datos externos.xlsx**, en la primera hoja acceda a **Datos > Obtener datos externos > Desde texto**.

En el cuadro de diálogo de importar archivo de texto, vaya a la carpeta **Archivos Excel 2010**, seleccione el archivo **List.txt** y clique en **Importar**.

Se iniciará el asistente de importación de texto, que consta de tres pasos.

1) En el **primer paso** indicaremos cómo está separado el texto, que en este archivo serán datos delimitados.

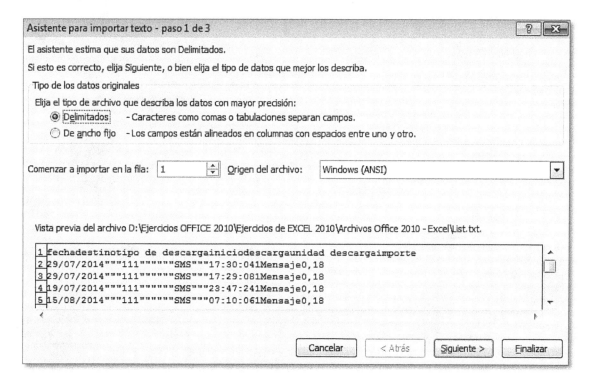

2) En el **segundo paso** indicaremos los separadores del texto si no los ha detectado *Excel* automáticamente.

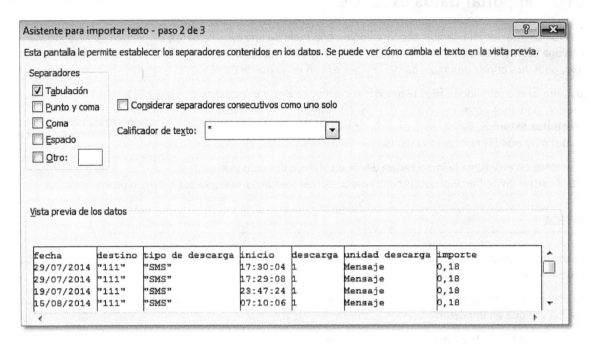

3) En el **tercer paso** estableceremos manualmente el formato de datos para cada columna, o lo dejaremos en **General** para que lo haga el programa automáticamente según haya números, fechas o texto en las columnas.

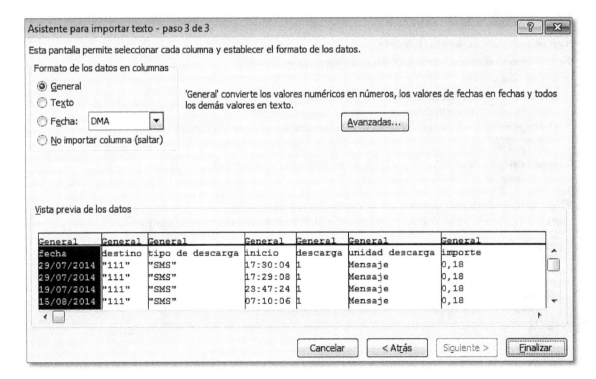

Al finalizar el asistente, indicaremos dónde **situar los datos**, que dejaremos a partir de la celda A1 propuesta.

B   Los datos importados están vinculados al archivo de origen, en nuestra práctica, **List.txt**. Esto implica que si hacemos cambios en el archivo de texto y en el libro de *Excel* clicamos en **Datos >**

Conexiones > Actualizar todo /
Actualizar los cambios se
efectuarán también en la hoja.

Si no nos interesa mantener está
conexión una vez que hemos
importado los datos, la
desactivaremos desde **Datos >**
Conexiones > Propiedades,
donde **desmarcaremos** la casilla
Guardar definición de consulta.

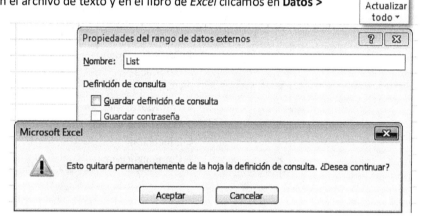

C   Ahora realizaremos en otra hoja del libro la importación de una tabla de una base de datos de **Access** clicando en **Datos > Obtener datos externos > Desde Access**.

En el cuadro de diálogo para seleccionar archivos de origen de datos, vaya a la carpeta **Archivos Excel 2010** y abra **Actividades.accdb**.

Seleccione **Tabla Actividades Empresariales**, que es la tabla que nos interesa, y clique en **Aceptar**.

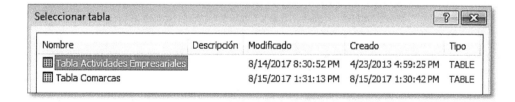

D De nuevo clicaremos en **Aceptar** en el cuadro de diálogo siguiente para importar los datos en forma de tabla a partir de la celda A1 en nuestra hoja.

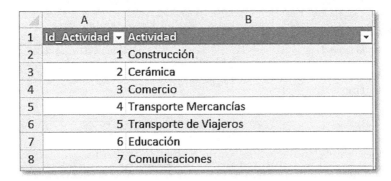

E Como sucedía con el archivo de texto, los datos quedan vinculados con el origen, por lo tanto, al cambiarlos en la base de datos, cambiarán también en la hoja de cálculo cuando se pulse en **Herramientas de tabla > Diseño > Actualizar**.

Si queremos desvincularlos, clicaremos en **Herramientas de tabla > Diseño > Desvincular** y nos avisará de la imposibilidad de deshacer esta acción una vez llevada a cabo.

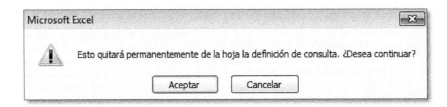

5.17 Opciones de Excel

En los distintos menús que contienen las **opciones de *Excel*** se puede personalizar el funcionamiento del programa en muchos aspectos. Si trabajamos intensivamente con esta aplicación, puede que nos interese ajustar algunos parámetros para realizar nuestras tareas más rápidamente. Por ejemplo, es posible predeterminar la fuente de los libros nuevos, elegir qué tipo de errores se deben buscar en las fórmulas o configurar la frecuencia de la copia de seguridad automática.

Comentaremos, a continuación, algunas de las opciones más comunes que encontramos en **Archivo > Opciones**, si bien, algunas de ellas ya las estudiamos al tratar los temas de las listas personalizadas y la personalización de la cinta de opciones.

En el menú **General** indicaremos la fuente por defecto, así como la vista y el número de hojas para los libros nuevos.

También aquí podemos cambiar el nombre del usuario de *Office*.

Al crear nuevos libros

Usar esta fuente: Fuente de cuerpo

Tamaño de fuente: 11

Vista predeterminada para hojas nuevas: Vista normal

Incluir este número de hojas: 3

Personalizar la copia de Microsoft Office

Nombre de usuario: Rafael Roca

En el menú **Fórmulas** controlamos qué características de las fórmulas introducidas ha de considerar *Excel* como posible error y avisarnos al respecto.

Reglas de verificación de Excel:

☑ Celdas que contienen fórmulas que dan como resultado un error
☑ Columna de fórmula calculada incoherente en las tablas
☑ Celdas que contienen años representados con 2 dígitos
☑ Números con formato de texto o precedidos por un apóstrofo
☑ Fórmulas incoherentes con otras fórmulas de la región

☑ Fórmulas que omiten celdas en una región
☑ Celdas desbloqueadas que contengan fórmulas
☐ Fórmulas que se refieran a celdas vacías
☑ Los datos de una tabla no son válidos

En el menú **Guardar** predeterminamos el formato, el tiempo que ha de transcurrir para que *Excel* haga una copia de seguridad del libro (información de Autorrecuperación), así como la ubicación por defecto para los libros de trabajo.

Guardar libros

Guardar archivos en formato: Libro de Excel (*.xlsx)   ▼

☑ Guardar información de Autorrecuperación cada 10 ⬍ minutos

   ☑ Conservar la última versión autoguardada cuando se cierra sin guardar

Ubicación de archivo con Autorrecuperación: C:\Users\Raf\AppData\Roaming\Microsoft\Excel\

Ubicación de archivo predeterminada: C:\Users\Raf\Documents

En el menú **Revisión**, que configura todos los programas de *Office*, tenemos las **opciones de autocorrección**, para controlar lo que nos corrige *Excel* de forma automática a medida que escribimos y la configuración de **ortografía**.

Por otra parte, el menú **Idioma** gestiona el idioma usado en la corrección ortográfica, en la interfaz y en la ayuda.

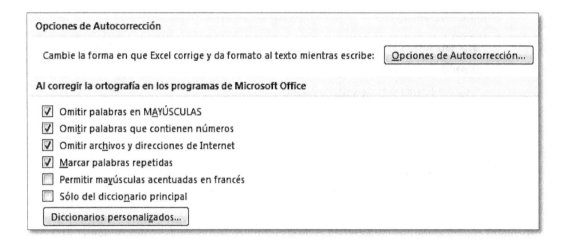

Opciones de Autocorrección

Cambie la forma en que Excel corrige y da formato al texto mientras escribe: [Opciones de Autocorrección...]

Al corregir la ortografía en los programas de Microsoft Office

☑ Omitir palabras en MAYÚSCULAS
☑ Omitir palabras que contienen números
☑ Omitir archivos y direcciones de Internet
☑ Marcar palabras repetidas
☐ Permitir mayúsculas acentuadas en francés
☐ Sólo del diccionario principal
[Diccionarios personalizados...]

En el menú **Avanzado** controlamos los gráficos para imprimirlos en alta calidad (sección **Imprimir**) y para ocultar las etiquetas informativas que aparecen al colocar el puntero sobre sus elementos (sección **Gráfico**).

En la sección **Mostrar** del indicamos el número máximo de libros recientes que han de aparecer en el menú **Archivo**.

Imprimir

☐ Modo de alta calidad para gráficos

Gráfico

☑ Mostrar nombres de elementos de gráfico al mantener el mouse
☑ Mostrar valores de punto de datos al mantener el mouse

Mostrar

Mostrar este número de documentos recientes: 25 ⬍ ⓘ

Apéndice: Atajos del teclado para Excel 2010

A continuación, aparecen los atajos más útiles de *Microsoft Excel 2010*. Si queremos obtener la lista completa, lo haremos buscando *métodos abreviados de teclado* en la ventana de ayuda de la aplicación.

Cinta de opciones	
Acción	**Teclas**
Contraer o expandir	Ctrl+F1
Activar navegación por teclado	Alt
Abrir ficha o activar comando	Alt y letra o número mostrado
Cancelar navegación por teclado	Alt (o Esc)
Ayuda	F1

Archivos y ventanas	
Acción	**Teclas**
Abrir archivo	Ctrl+A
Crear archivo	Ctrl+U
Guardar archivo	Ctrl+G
Guardar como	F12
Imprimir	Ctrl+P
Cerrar ventana de archivo	Ctrl+F4
Salir de la aplicación	Alt+F4
Cambiar de ventana de archivo	Ctrl+F6
Cambiar de ventana de aplicación	Alt+Tab
Maximizar o restaurar ventana	Ctrl+F10

Deshacer y rehacer	
Acción	**Teclas**
Cancelar una acción	Esc
Deshacer	Ctrl+Z
Rehacer o repetir	Ctrl+Y

Portapapeles	
Acción	**Teclas**
Copiar	Ctrl+C
Cortar	Ctrl+X
Pegar	Ctrl+V

Texto	
Acción	**Teclas**
Seleccionar caracteres (izquierda, derecha), líneas (arriba, abajo)	Mayús+←/→/↑/↓
Seleccionar palabras (izquierda, derecha), párrafos (arriba, abajo)	Ctrl+Mayús+←/→/↑/↓
Seleccionar desde la posición del cursor hasta el final de la línea	Mayús+Fin
Seleccionar desde la posición del cursor hasta el inicio de la línea	Mayús+Inicio
Seleccionar todo	Ctrl+E
Buscar	Ctrl+B
Ir a	Ctrl+I
Revisión de ortografía	F7

Formato de fuente	
Acción	**Teclas**
Negrita	Ctrl+N
Cursiva	Ctrl+K
Subrayado	Ctrl+S

Edición y fórmulas

Acción	Teclas
Editar celda	F2
Inserta un salto de línea en la celda que se está editando	Alt+Entrar
Inserta el contenido escrito y va a la celda de arriba	Mayús+Entrar
Inserta el valor de la celda de arriba	Ctr+" (comillas)
Inserta la fórmula de la celda de arriba	Ctr+' (apóstrofe)
Muestra las fórmulas	Ctr+` (acento abierto)
Cambia entre referencias relativas, absolutas y mixtas	F4
Cuadro de diálogo Insertar función	Mayús+F3

Desplazamiento

Acción	Teclas
Inicio de fila	Inicio
Pantalla arriba	Av Pág
Pantalla abajo	Re Pág
Pantalla a la derecha	Alt+Av Pág
Pantalla a la izquierda	Alt+Re Pág
Celda inicial de la hoja	Ctrl+Inicio
Celda final con contenido de la hoja	Ctrl+Fin
Celda inicial de la columna con contenido	Ctrl+↑
Celda final de la columna con contenido	Ctrl+↓
Celda inicial de la fila con contenido	Ctrl+←
Celda final de la fila con contenido	Ctrl+→
Hoja siguiente / anterior	Ctr+Av Pág/Re Pág

Selección	
Acción	**Teclas**
Seleccionar desde la celda actual hasta lo citado en la tabla anterior	Mayús+teclas de la tabla anterior
Fila de la hoja	Mayús+barra espaciadora
Columna de la hoja	Ctrl+barra espaciadora
Rango actual de datos o toda la hoja	Ctrl+Mayús+barra espaciadora
Todos los objetos de la hoja si hay uno seleccionado	Ctrl+Mayús+barra espaciadora

Visualización	
Acción	**Teclas**
Oculta las filas seleccionadas	Ctrl+9
Oculta las columnas seleccionadas	Ctrl+0
Muestra las filas ocultas seleccionadas	Ctrl+(
Muestra las columnas ocultas seleccionadas	Ctrl+)